Gwên yn y Garreg

Gweneth Lilly

Gwasg Gomer
1987

Argraffiad Cyntaf—Awst 1987

ISBN 0 86383 386 1

ⓗ Gweneth Lilly

*Cyhoeddwyd dan nawdd Cynllun Llyfrau Darllen
Cyd-bwyllgor Addysg Cymru*

*Argraffwyd gan J. D. Lewis a'i Feibion Cyf.,
Gwasg Gomer, Llandysul*

1

'Seiriol,' meddai mam Gaenor, 'rwyt ti'n cofio fy mod i'n mynd i siopa i Landudno pnawn 'fory, tra byddi di a Gaenor yn Sir Fôn?'

'Y—nac oeddwn.' Tynnodd tad Gaenor ei sbectol, chwythu arnyn nhw a'u caboli â'i hances. Ymhen munud neu ddau, cododd ei ben efo gwên effro dyn sy'n ceisio gwneud cyfraniad teg i'r sgwrs. 'Chdi a Gaenor yn mynd i siopa yn Llandudno. Braf iawn.'

'Na, Seiriol,' meddai'i wraig yn bendant. 'Dydi Gaenor ddim yn dŵad i Landudno. Mi wyddost yn iawn, neu mi ddylet wybod, nad ydi Gaenor yn hoffi llusgo o gwmpas siopa'. Nac wyt, Gaenor? Mi wneith fwy o les iddi hi fynd ar drip i Sir Fôn efo'r Gymdeithas Hanes.'

'Nid trip i blant ydi o! Fydd hi'n dallt 'run gair.'

'Twt, mae hi'n tynnu at 'i hun ar ddeg oed, ac yn cael marcia' da am Hanes. Na, o ddifri' rŵan: rhaid imi gael pentwr o siopio, ac wedyn cyfarfod â Meriel am baned o de. Welson ni mo'n gilydd ers pum mlynedd. Wyt ti'n cofio Meriel?'

'Y—Meriel? Dydw'i ddim . . .'

'Fy morwyn briodas i, debyg iawn!'

'O, honno—*Meriel*. Meriel *Ifans*, o'r Coleg gynt. Mi briododd a mynd allan i Canterbury, Seland Newydd.' Cyhoeddodd ei gŵr yr enw efo balchder consuriwr yn tynnu cwningen wen o'i het.

'Wel, mae hi wedi dychwelyd o Canberra, Awstralia,' meddai'i wraig efo'r pwyslais lleiaf ar y geiriau olaf, 'ac ar ôl pum mlynedd mi fydd gynnon ni lawer i'w ddweud wrth ein gilydd.'

'Mi faswn i'n meddwl y byddai Muriel yn hoffi gweld Gaenor.'

Caeodd mam Gaenor ei llygaid am funud wrth glywed y camgymeriad, ond ddywedodd hi ddim; byddai'i gŵr yn drysu enwau pobl yn aml. 'Mi ddaw cyfle'n fuan iawn. Ond mi fydd ein sgwrs ni'n sobor o ddiflas i Gaenor druan. Gaenor, mi fasa'n well gen ti fynd am drip ar y bws i Sir Fôn efo Dad na dod i Landudno, basa?'

'Basa,' meddai Gaenor yn ddiffuant. Deallai amcanion ei mam yn bur dda, ac nid oedd y geiriau dengar 'trip', 'bws' a 'Sir Fôn' yn twyllo dim arni hi. Ond doedd ganddi ddim amheuaeth ynghylch ei dewis.

'Mi gaiff ddŵad,' meddai'i thad, 'ond iddi hi beidio â mynd o dan draed.'

2

'A dyma ichi beth diddorol,' meddai'i thad: 'pen wedi ei dorri.'

Closiodd y dorf at ei ymyl a syllu ar y pen. Gallai pawb ei weld am ei fod wedi ei osod ar ben wal.

'Wyddon ni ddim pwy ydi'r creadur, na sut y daeth o yma. Mae o wedi bod ar dop y wal 'ma ers dros hanner can mlynedd, ond wyddai neb amdano am fod y gwrych yn ei guddio. Torrwyd y gwrych i lawr, a dyna fo. 'Drychwch ar ei brydweddion o. Wyneb siâp gellygen a gên gul; talcen isel yn pwyso i lawr uwchben ei drwyn;

6

llygaid mawr bron â neidio o'i ben; trwyn ar ffurf gaing, wedi ei dorri rywbryd fel y gwelwch chi, a cheg fechan. Does ganddo ddim blewyn o wallt, ac er bod ganddo glustiau, mae 'na siâp go od ar y rheini hefyd, fel dwy leuad newydd.'

Sylwodd Gaenor fod llawer o bobl yn gwenu wrth glywed ei thad yn disgrifio'r pen fel hyn. Welai hi ddim yn smala ynddo. Safai Gaenor ychydig i'r ochr dde iddo, ac iddi hi edrychai'i wedd yn ddwys ac yn ddifrifol. Ond o deimlo rhai o'r gwrandawyr yn pwyso tu cefn iddi, cymerodd gam yn agosach at ei thad i wneud lle iddyn nhw, nes roedd yr wyneb yn syth o'i blaen. Roedd o fel petai wedi newid ei olwg, a'r geg yn troi mewn hanner gwên.

'Nodweddion ydi'r rhain i gyd o ben Celtaidd,' meddai'i thad. 'Gall hwn fod yn hynafol iawn. Cerfluniwyd o o garreg goch leol, yn ôl pob tebyg cyn cyfnod y Rhufeiniaid.' Oedodd am eiliad, a chododd si o ddiddordeb oddi wrth ei wrandawyr. Dyma'r tro cyntaf i Gymdeithas Hanes Llanfair-is-y-Graig fynd am dro efo'r Dr. Seiriol Griffith i weld rhai o hynafiaethau Ynys Môn, ac roedden nhw'n gwrando'n astud arno.

'Roedd yr hen Geltiaid yn addoli'r pen dynol,' meddai Dr. Griffith. 'Iddyn nhw roedd o'n cynrychioli duwdod, a phwerau'r Byd Arall. Credent fod enaid anfarwol dyn yn byw yn ei ben. Dyna pam roedden nhw'n torri pennau'u gelynion ac yn mynd â nhw adre' i addurno'u cartrefi. Felly roedden nhw'n meddiannu gall-uoedd y gelyn. Roedden nhw'n claddu pennau o dan allorau hefyd, i sancteiddio'r lle.'

Dechreuai dafnau o law ddisgyn o'r cymylau trymaidd uwch eu pennau. Saethodd sawl ambarél i fyny fel caws llyffant pob lliw, a gwisgodd y ferch wrth ochr Gaenor ei chot law, ond daliodd ei thad ati i siarad fel pe na theimlai'r gwlybaniaeth trwy ei grys tenau. Fyddai o byth yn sylwi ar bethau felly. Roedd Gaenor ei hun wedi gadael ei chot wlân ar y bws, a dim ond ffrog gotwm ysgafn oedd ganddi.

'Dowch o dan 'y nghot law i,' gwahoddodd y ferch wrth ei hochr, a gwneud pabell ohoni dros ben Gaenor. Swatiodd honno odani yn ddiolchgar.

Codai llais ei thad yn ddiymdrech dros siffrwd y cotiau glaw. 'Eitha' tebyg mai duw lleol oedd hwn. Fe sylwch fod ganddo dwll bach yng nghongl ei geg.' Craffodd pawb ar y twll. 'Yn rhyfedd iawn, dyna'r unig arwydd o'i dduwdod. Ceir twll tebyg mewn nifer o bennau o dduwiau Celtaidd, yn Iwerddon a llefydd eraill. Mae gan hwn gorun isel gwastad, fel y gwelwch chi. Hwyrach i'r offeiriad yn y ddefod dywallt ychydig o waed yr aberth ar ei gorun . . . Mae gan ambell gerflun o dduw Celtaidd fwlch neu gwpan ar dop ei ben i'r diben hwn. Ar yr un pryd, ella, byddai brigyn gwyrdd neu bibell fel petai'n tyfu o geg y duw.'

'*Pibell*?' sibrydodd Gaenor yng nghysgod y got law.

'Pibell ddŵr,' atebodd y ferch ifanc,' nid un i'w 'smygu!'

'Roedd bywyd y llwyth yn dibynnu ar ddŵr a thyfiant, wrth gwrs,' eglurodd Dr. Griffith, 'a'r syniad, efallai, oedd fod gwaed yr aberth, trwy rym y duw, yn cynnal ffrwythlondeb y tir. Ac mae wyneb y duw hwn, os duw ydi o hefyd, yn dangos bod yr offrwm yn ei fodloni. Gwelwch fod ganddo wên greulon.'

'Gwên *greulon*?' Roedd sibrwd Gaenor yn rhy ddistaw i hyd yn oed ei chyfeilles newydd ei glywed. Gwelai fod sawl un o'r Gymdeithas Hanes yn nodio'n syn; rhai o'r merched yn tynnu gwep wrth feddwl am aberth, a duw yn ymhyfrydu mewn gwaed, ond llygaid un neu ddau o'r bechgyn yn pefrio. Doedd hi ddim yn nabod yr un ohonyn nhw; roedd yr ychydig blant i gyd yn hŷn na hi, ac yn ôl pob tebyg yn mynd i'r ysgol fawr ym Mangor.

'Oes 'na beipen trwy'r pen o'r corun i'r geg?' gofynnodd un o'r dynion.

'Nac oes. Byddai'r mandyllau yn y garreg yn yfed y diferion gwaed, a'r offeiriad yn coegio eu bod nhw'n iro gwraidd y brigyn a "dyfai" o'r geg. Gêm gysegredig oedd y cyfan. Ond cofiwch, does gynnon ni ddim prawf fod y cyfaill hwn yn dduw o gwbwl, nac yn Gelt paganaidd. Gall fod yn Gristion cymharol ifanc . . . rhyw bum can mlwydd oed, ella, o un o eglwysi Môn. Mae rhai o bennau carreg eglwysig yr ynys yn edrych yn bur gyntefig. Cymaint ag a allwn ni ei ddweud am hwn ydi ei fod o'n dwyn nodweddion pen Celtaidd.'

'Ond y twll . . .' murmurodd un wraig.

'Ie, mae hwnnw'n cysylltu'r pen â rhai paganaidd cynnar eraill. I wneud pethau'n fwy dyrys, gwyddom fod nifer o bennau o'r cyfnod cyn Crist wedi cael cartrefi mewn eglwysi yn Iwerddon, a hyd yn oed yng Nghymru. Paganiaid wedi troi'n saint, megis. Hwyrach fod y

9

cymeriad yma wedi cael ei addoli fel duw lleol gan ryw hen lwyth, ac wedyn atgyfodi ar ei newydd wedd mewn eglwys, a llechu mewn arogl sancteiddrwydd am ganrifoedd. Sut y daeth o yma, ar ben wal gardd, does neb a ŵyr.'

'Gresyn na fasa fo'n medru siarad,' meddai'r ferch wrth ochr Gaenor.

'Ie wir,' cytunodd Dr. Griffith. 'Mae o fel Mona Lisa, yn gwenu ac yn cadw'i gyfrinach.'

Roedd y sgwrs ar ben, ond er bod y glaw yn dal i syrthio doedd y gwrandawyr ddim ar frys i ddychwelyd i'r bws. Roedden nhw'n tyrru o gylch y pen carreg ac yn holi'r darlithydd. Ai hwn oedd yr unig ben o'i fath ym Môn? . . . yng Ngwynedd? . . . yng Nghymru? Pwy oedd wedi darganfod y pen?

'Dydw'i ddim yn meddwl fod ganddo wên greulon,' meddai Gaenor, gan godi ei golygon o dan ymyl y got law. 'Ydach chi?'

'Nac ydw, a deud y gwir,' meddai'r ferch. Roedd ganddi lygaid brown a bochau cochion. 'Dwi'n credu bod golwg eitha' clên arno fo. Gyda llaw, Dilys Arthur ydi f'enw i . . . *Miss* Arthur. Dwi'n athrawes yn ysgol Pant-yr-Eithin.' Ysgol gynradd Llanfair-is-y-Graig oedd Pant-yr-Eithin. 'Merch Dr. Griffith ydach chi, yntê?'

'Ie . . . Gaenor.'

'Mi fyddwch yn dŵad aton ni fis Medi.'

'Byddaf, am flwyddyn, cyn mynd i Fangor.'

Roedd ei thad yn dechrau brasgamu i gyfeiriad y bws, a dau neu dri o aelodau'r Gymdeithas o'i gwmpas yn siarad yn eiddgar. Yn yr awyr agored fel hyn, heb ei sbectol, edrychai'n wahanol i'r hyn oedd o gartref: yn ieuengach, yn sionc ac yn siriol. Chwarddai'r

10

dynion yn ei ymyl am ben rhyw jôc o'i eiddo,
ond fyddai fo ddim yn smalio fel yna efo'i deulu
ei hun; wel, ddim yn aml, beth bynnag. Gwelai
Gaenor fod ei law'n ymbalfalu i gyfeiriad y
boced lle y cadwai'i bibell.

'Mae'n bryd inni ganu'n iach i'r duw,' meddai
Miss Arthur, gan fod Gaenor yn sefyll yn
llonydd o hyd.

Roedd y lôn gul o'i flaen o wedi gwagio'n
sydyn, a'i addolwyr o wedi cefnu arno. Roedd
yr hen dduw ar ei ben ei hun unwaith eto.
Syrthiai'r glaw yn dawel ar yr ardd y tu ôl iddo.
Plygodd Gaenor a thorri mymryn o frigyn a
dyfai wrth droed y wal. Gwthiodd o i'r twll yng
nghongl ceg y duw, ac ystyried yr effaith.

'Mae o'n edrych yn dda!' meddai, a chip-
edrych yn nerfus rownd congl y got law rhag
ofn fod rhywun wedi dal sylw arni.

'Ydi!' meddai Miss Arthur mewn syndod. 'Fel
petai o'n fyw.' Craffai'r wyneb arnyn nhw'n
ddireidus, a'i wên yn lletach am fod deilen
werdd yn hongian o gongl ei wefus. Chwar-
ddodd y ddwy'n sydyn fel un, roedd golwg mor
slei a doniol arno, fel petai'n rhannu cyfrinach â
nhw.

'Mae pawb wedi achub y blaen arnon ni;
rhaid inni redeg i'w dal nhw!' meddai Miss
Arthur.

Wrth droi, tremiodd Gaenor yn ôl ar y duw.
Roedd yna rywbeth yn hynod o gartrefol yn ei
wedd, a'r amlinelliad dwbl o'i lygaid yn gwneud
iddo edrych braidd fel petai'n gwisgo sbectol.
Sut y gallai neb feddwl ei fod o'n greulon? Trwy
ryw dric o'r golau anwadal, efallai, fel na fedrai

Gaenor daeru ei bod hi wedi gweld y peth yn iawn, caeodd y duw un llygad arni.

Ond yr eiliad nesa', roedd Miss Arthur wedi tynnu'i chot yn glosiach am Gaenor, a dechrau rhedeg. Ciliodd sŵn eu traed, a doedd dim yn y lôn i ddangos bod y Gymdeithas Hanes erioed wedi ymweld â'r lle, ond deilen werdd yn tyfu allan o ddarn o garreg.

Arafodd Miss Arthur wrth ddod i olwg y bws a gweld pobl yn dal i ddringo i mewn iddo.

'Ydach chi'n dechra' cartrefu yn Llanfair acw?' gofynnodd.

'Ydan, diolch. Ond dydan ni ddim wedi dŵad i nabod llawer o bobol eto.'

'Wel, dyddia' cynnar ydi'r rhain, yntê? Mae hi'n wylia' ha', a phawb ar wasgar, ond unwaith y bydd yr ysgol wedi dechra', mi fydd gynnoch chi ddigon o ffrindia'.'

'Rydan ni'n lwcus iawn i gael dyn fel ych tad yn Llanfair-is-y-Graig,' meddai ledi arall oedd yn disgwyl mynd ar y bws. 'Ysgolhaig o'r fath fri! Does ganddo fo go', deudwch? Mi fydd yn gefn i'r Gymdeithas Hanes.'

'Ond mae Dr. Griffith yn ddyn prysur iawn,' meddai Miss Arthur. 'Rhaid inni beidio â phwyso arno fo.'

Ar y bws roedd pobl yn dechrau agor eu paciau te picnic. Roedd Mr. Arfon Ellis, llywydd y Gymdeithas, yn siarad yn brysur efo tad Gaenor yn y sedd flaen, ac eraill yn tyrru o'u cwmpas i wrando ar y sgwrs. 'Dowch ata'i,' meddai Miss Arthur. Pwniodd Gaenor ei thad a chael paced o frechdanau ganddo cyn dilyn Miss Arthur i'w sedd yng nghefn y bws.

Sych a di-flas braidd oedd brechdanau
Gaenor, ond roedd gan Miss Arthur ddigonedd
o fwyd, ac fe gafodd Gaenor bastai, a chacen
fach ac eisin arni, ac afal. Roedd arni eisio bwyd
ac fe dderbyniodd y cwbl yn ddiolchgar.

'Fyddwch chi'n mynd am dro archaeolegol
efo'ch tad yn aml?' gofynnodd Miss Arthur.

'Na fyddaf,' cyfaddefodd Gaenor. 'Dyma'r tro
cynta'.'

'Mae'ch tad yn egluro pethau'n ddiddorol,'
meddai Miss Arthur, 'a gwneud i'r hen amser
ddod yn fyw.' Nodiodd Gaenor; roedd y daith i
gyd wedi bod yn ddifyr iddi hi. Ond y duw ar
ben y wal—roedd o'n well na'r cyfan.

Wrth ddisgwyl i'r glaw fynd heibio, roedd ei
thad yn rhannu lluniau o bennau Celtaidd, er
mwyn i bawb sylwi ar y nodweddion drostynt
eu hunain.

'Gaenor,' meddai Miss Arthur, wrth iddyn
nhw syllu ar y masgiau rhyfedd efo'u llygaid
mawr, eu genau cul a'u cegau bach di-wefus,
'rydan ni'n gweithio'n galed i ddarparu arddang-
osfa hanes y pentre. Fyddech chi'n fodlon
helpu? Mae plant Ysgol Pant-yr-Eithin wedi bod
wrthi'n ddiwyd yn barod, ond mae angen
rhagor o fodelau arnon ni. Mae 'na ddwy neu
dair o enethod eraill at yr un oed â chi sydd wedi
addo rhoi help llaw imi—Rachel, chwaer Sarah
sy'n eistedd yn yr ail sêt 'na, yn un. Mi fyddai'n
gyfle ichi ddod i nabod gennod eraill o'r ardal.
'Newch chi?'

'O, gnaf, Miss Arthur. Mi fydda' i'n licio gneud
model.'

'Ardderchog. Mae'r Gymdeithas yn ei hail
flwyddyn, wyddoch chi, a dyma'r tro cynta'

13

inni geisio trefnu arddangosfa. Mae gynnon ni waith mawr o'n blaen o hyd. Rydan ni'n gwneud modelau o safle eglwys y plwy', i ddangos pa fath le oedd llan Geltaidd wreiddiol . . . Hwyrach y gellwch chi a'r genethod eraill ddŵad i'm cyfarfod i wrth yr eglwys i gael golwg ar y tir, ac wedyn mi awn ni i gyd i Ddrws-y-Coed—fy mwthyn i ydi hwnnw—i gael te, a dechrau gweithio ar y model os bydd amser. Ydach chi'n rhydd bnawn dydd Mawrth?'

Toc, roedd y glaw wedi peidio a'r parti'n croesi cae ar eu ffordd i safle arall. 'Meddyliwch,' meddai Gaenor wrth Miss Arthur, 'mor braf oedd hi ar rywun yn dŵad o hyd i'r pen 'na yn Llanfairpwllgwyngyll! Ydach chi'n meddwl eu bod nhw wedi taro arno fo wrth balu'r ardd, neu 'redig yn y cae, ynte' be'?'

'Pwy ŵyr? Ond doedd pwy bynnag a ddaeth o hyd iddo fo ddim yn sylweddoli 'i werth o, neu fasa fo ddim wedi gadael i'r gwrych dyfu trosto fo a'i guddio. Mae o wedi cael ei golli a'i ddarganfod ddwywaith o leia'; sawl gwaith, efallai.'

'Dyna fasa'n dda, yntê,' meddai Gaenor, 'pe baem ni'n darganfod rhywbeth fel 'na, mewn pryd i'r arddangosfa?'

3

Clywodd Gaenor sŵn y peiriant torri gwrych o'r ardd gefn, lle roedd hi'n helpu Mrs. Owen i hongian y golchi allan ar y lein ddillad. Dôi Mrs. Owen i wneud gwaith y tŷ a gofalu am bryd canol dydd i Gaenor a'i thad, gan fod ei mam yn gweithio fel ysgrifenyddes i rywun pwysig iawn ym Mangor.

'Mae Chris yma!' meddai Gaenor. Mab Mrs. Owen oedd Chris.

'Ydi, 'nghariad i. Roedd dy fam wedi gofyn iddo fo dorri'r gwrych yn y ffrynt pan gâi o gyfle. Dyn, mae hi'n fore sychu da; mi fydd y dillad yn grimp ymhen dau chwiff, mi gei di weld.'

Pedair ar ddeg oedd Chris, ond pan aeth Gaenor ato roedd o'n sefyll ar yr ysgol yn tywys y peiriant dros y gwrych gyda sicrwydd garddwr profiadol, ac roedd y prifed i'r chwith iddo fel wal wastad werdd. Gofalai mam Gaenor am y blodau ei hun, ond gadawai'r lawnt a'r gwrych i Chris, gan ddweud ei fod yn gwneud gwaith twtiach na llawer dyn. Roedd o'n fachgen solet a chanddo ysgwyddau cryfion.

'Chris!' gwaeddodd Gaenor dros sŵn y peiriant.

'O, hylô, Gaenor.' Pwysodd y swits a thewi'r torrwr, yn eitha' balch o'r esgus i orffwys ei freichiau am funud. Gwenodd arni, fel y gwnâi llawer o bobl wrth weld wyneb llon rhosynnog Gaenor, a sychodd chwys oddi ar ei dalcen.

'Rwyt ti wedi cael lliw haul, Chris. Mae dy drwyn di'n plicio.'

'Eis i i'r mynydd i 'sgota efo Yncl Cled ddoe.'

'Wyddost ti be', Chris?' Er mai dim ond ers tair wythnos roedd Chris wedi nabod Gaenor, roedd o'n gynefin â'i chlywed hi'n cychwyn ar hanes fel hyn. 'Mi fûm i yn Sir Fôn bnawn Sadwrn efo Dad, ac mae 'na dŷ yno a gardd o'i flaen o a wal o'i chwmpas hi. Wel, roedd 'na wrych wedi tyfu'n uchel fel hwn tu cefn i'r wal,

15

ac un diwrnod dyma nhw'n 'i dorri o i lawr, a wyddost ti be' ddaru nhw ffeindio? Pen!'

'*Pen*? Pen be'? Pen dyn?'

'Ie, wedi'i osod ar y wal.'

'Mam annwyl!' Syllai llygaid llwydlas Chris arni'n syfrdan.

'Nid pen *iawn,* wsti. Un carreg.' O weld bod Chris yn siomedig braidd, brysiodd Gaenor i egluro. 'Ond mae Dad yn deud 'i fod o'n hen iawn, iawn—yn mynd yn ôl i'r amser cyn Iesu Grist, ella. Roedd o'n dduw ac roedden nhw'n aberthu iddo fo—yn tywallt gwaed ar 'i gorun o i neud i'r c'naeau dyfu.'

''R argo,' meddai Chris, gan fod Gaenor yn amlwg yn disgwyl ymateb ganddo.

'Meddylia, Chris, 'i fod o wedi'i guddio yng nghanol gwrych fel hwn! Mae ganddo wên hefyd, fel hyn, yli.' Chwarddodd Chris pan gaeodd Gaenor ei cheg a throi'r corneli i fyny. 'Mi gei di weld 'i lun o; mae o mewn llyfr mawr gan Dad—mi a'i i' nôl o!' Gwibiodd Gaenor i gyfeiriad y tŷ, ac ailgychwynnodd Chris y peiriant.

Gwelodd Gaenor fod drws stydi ei thad yn agored. Roedd llond y lle o fwg baco, ond doedd ei thad ddim yno. Safai'i deipiadur ar y bwrdd, a'r blychau lle y cadwai'i nodiadau, a nifer o lyfrau. A dyna lle roedd y 'llyfr mawr' yn ei glawr glas tywyll ar gongl y bwrdd wrth ei hymyl. Cipiodd Gaenor o, ac allan â hi a thrwy'r drws ffrynt i'r ardd. Chwiliodd am y llun a dod o hyd iddo heb drafferth.

'Yli, Chris: dacw fo!'

'Gwylia'r *flex* 'na.' Tawodd Chris y peiriant a phwyso yn erbyn yr ysgol i ystyried y darlun.

16

'Hen foi go od, yntê? Dydi o ddim yn debyg i dduw, rywsut.'

'Am 'i fod o'n *gwenu*! Doedd y duwiau Celtaidd ddim yn gwenu fel rheol. Dyna sy'n gneud hwn yn arbennig iawn, iawn.'

'Does gynno fo ddim gwallt. Ac mae'i gorun o'n ofnadwy o isel a fflat.' Doedd gan Gaenor ddim i'w ddweud, wedi ei digalonni braidd gan hwyl feirniadol Chris. 'Wyt ti'n meddwl eu bod nhw'n rhoi coron neu rywbeth felly am 'i ben o?' Roedd Chris ei hun, flynyddoedd ynghynt, wedi gwisgo coron fel Gŵr Doeth yn nrama'r Nadolig.

Pefriodd llygaid Gaenor. 'Ella wir—yn y ddefod, pan oedden nhw'n tywallt y gwaed! Mae hynna'n syniad da! Mi ddeuda'i wrth Dad.'

Crychodd Chris ei dalcen i guddio'i syndod. Anaml iawn fyddai neb yn canmol ei syniadau, nac yn cydnabod, wir, fod ganddo fo'r un. Roedd ei adroddiad ysgol dwytha' wedi cwyno: 'Diddychymyg'.

'Be' ydi'r twll 'na? Oedd o'n *smocio*?'

'Nac oedd, siŵr! Maen nhw'n meddwl hwyrach fod yr offeiriad yn rhoi brigyn yn'o fo, i ddangos bod y duw yn gneud i betha' dyfu . . .'

'Sut gwyddost ti fod y twll yn hen? Mi 'lasa rhywun fod wedi'i neud o efo cŷn yn o ddiweddar.'

'O na,' protestiodd Gaenor, 'mae o wedi gwisgo'n llyfn, yli.'

'Hm,' meddai Chris, heb ei argyhoeddi'n llwyr.

Synnodd Mrs. Owen weld Dr. Griffith yn y gegin. Fel rheol byddai gŵr y tŷ'n ofalus i gadw oddi ar ei ffordd.

17

'Mrs. Y—, fuoch chi yn y stydi tra oeddwn i yn y llofft ychydig funudau'n ôl?'

'Naddo wir, Dr. Griffith. Mae Mrs. Griffith wedi deud wrtho'i am beidio â mynd yno unwaith y byddwch chi wedi dechra' ar ych gwaith.'

'Wnaethoch chi ddim symud llyfr oddi ar y bwrdd?'

'Bobl bach, naddo! Chymrwn i mo'r byd â styrbio'ch petha' chi.'

'Wel, mae o wedi diflannu.'

'D aethoch chi ddim â fo efo chi i fyny'r grisia', a'i daro fo i lawr o'ch llaw yn rhywle?' Yn ei hadnabyddiaeth fer o Dr. Griffith, gwyddai Mrs. Owen ei fod o'n colli pethau'n bur aml am fod ei feddwl yn bell i ffwrdd.

Ysgydwodd Dr. Griffith ei ben yn ddiamynedd, a rhedeg ei fysedd trwy'i wallt fel petai mewn ymdrech i chwalu ei ddryswch meddwl.

Daeth syniad i Mrs. Owen. 'Sut lyfr oedd o, Dr. Griffith? Un go fawr efo clawr glas? Gan Gaenor mae o, siŵr i chi!'

'*Gaenor?*' Swniai Dr. Griffith fel petai wedi anghofio bod ganddo blentyn o'r enw hwnnw.

'Ie—pan oeddwn i'n dŵad o'r cyntedd mi gefais i gip arni hi'n mynd allan trwy'r drws ffrynt efo llyfr fel yna. Ella 'i bod hi wedi mynd â fo i'w ddangos i Chris—' Rhuthrodd o'r gegin a thrwy'r neuadd i edrych trwy'r ffenest wrth ochr y drws ffrynt. 'Ie, dacw nhw—'

'Fasa fo'n wych, Chris, petait ti'n dŵad ar draws pen Celtaidd wrth dorri'r gwrych 'ma?'

'Wela'i fawr o siawns o hynny. Ydi hwn yr un faint â phen iawn? Does dim digon o ddyfnder

18

yn y gwrych i'w guddio fo, oldi. Mi fasa'n rhaid i'r coed dyfu'n lletach o lawer—'

'Wel, basa, debyg,' meddai Gaenor, 'ond mi 'laset ti ddŵad o hyd i *rywbeth*. Wyddost ti ddim—' Tawodd yn sydyn o weld ei thad yn brasgamu i lawr y llwybr o'r tŷ.

'Gaenor, wyt ti wedi cymryd *Prehistoric Anglesey* o'r stydi?' gofynnodd, mor gyhuddgar nes i Gaenor syllu arno a'r gwrid yn dyfnhau yn ei bochau.

'Do,' meddai'n ansicr, '—er mwyn dangos llun y pen i Chris—y pen welson ni ddy' Sadwrn.'

'Dwi'n siŵr nad oes gan y—y—' ciledrychodd ar Chris, yn amlwg heb atgof o'i weld erioed o'r blaen— '—ddim diddordeb o gwbl yn y llyfr.' Cipiodd o ganddi. 'Tyrd. Mae arna'i eisio gair efo chdi.'

Plethodd Gaenor ei gwefusau'n dynn ac ufuddhau. 'Ddylet ti ddim dal pobol i fyny ar ganol eu gwaith,' meddai'i thad. Ailddechreuodd y peiriant torri gwrych y tu cefn iddo ar y gair. 'Rydw'i wedi bod yn chwilio am y llyfr 'ma ymhob man. Paid byth â chymryd dim o'r stydi eto heb ofyn i mi.'

'Mae'n ddrwg gen i,' meddai Gaenor mewn llais bychan.

Oedodd ei thad yn ei gerdded. 'Sut y gwyddost ti lle i ddod o hyd i'r darlun?'

'Roedd y llyfr ar y bws gynnoch chi. Pan eis i i'w nôl o gynna' mi 'drychais yn y mynegai o dan "HEAD".' Roedd ei hathro ysgol wedi dysgu'r dosbarth ers tro sut i ddefnyddio mynegai wrth chwilio am wybodaeth.

Craffodd ei thad trwy'i sbectol arni cyhyd nes i'w ddistawrwydd wneud iddi deimlo'n fwy nerfus nag erioed.

'O, rydach chi wedi 'i gael o'n saff,' galwodd Mrs. Owen o'r drws ffrynt. 'Mae'ch paned te chi'n barod, Dr. Griffith. Ddo' i â'r hambwrdd i'r stydi?'

'Os gwelwch chi'n dda.' O sylweddoli faint o amser roedd o wedi ei wastraffu'n chwilota am y llyfr, ciliodd yn frysiog i'r stydi a chau'r drws.

Yn yr ardd, symudai Chris y torrwr yn wastad lyfn dros y dail. Ond roedd yn dal i weld wyneb pinc euog Gaenor wrth i'w thad ei cheryddu. Roedd Gaenor yn hen hogan fach iawn. Be' oedd eisio iddo fo ddeud y drefn wrthi hi am gyn lleied o beth? Gresyn, meddyliodd Chris, na châi hi'i dymuniad, a dod o hyd i rywbeth hynafol, rhyw drysor o'r hen fyd, y siort o beth roedd ei thad yn meddwl cymaint ohono fo. Roedd Chris wedi cael cipolwg ar ei gasgliad drwy ffenest y stydi wrth docio'r wistaria: offer cerrig, potiau pridd, darnau tenau brau o fetel, wedi eu gosod a'u labelu'n drefnus. Dim pen carreg, 'chwaith. Ond go brin y gallai Gaenor druan ddisgwyl i bethau felly dyfu trwy'r gwrych dros nos.

Er hynny, roedd dychymyg Chris wedi dechrau symud mor ffyrnig â'r peiriant torri, a'i dalcen yn crychu o dan bwysau meddylgarwch anarferol.

4

Roedd Gaenor wedi cyrraedd yr eglwys ychydig funudau'n gynnar, o flaen Miss Arthur a'r genethod eraill. Dyma'r tro cyntaf iddi fod yn y fynwent, ac edrychodd o'i chwmpas gyda diddordeb.

Safai'r eglwys ar ben bryn ac ar ymyl dibyn. Rhyw lathen neu ddwy o droed y mur dwyrein-iol, syrthiai'r tir yn syth i'r glaswellt ar lan y ffrwd. Gallech sefyll o dan y ffenest ddwyreiniol ac edrych ar draws y dyffryn cul gyda'i dai a'i siopau a'i gapeli at y Graig a'r chwarel. Er mai dim ond rhan o Lanfair-is-y-Graig oedd i'w gweld o'r fan, roedd o'n llawer mwy nag yr oedd Gaenor wedi'i feddwl.

Trodd a dechrau ymlwybro'n araf yn ôl at y gât, lle y disgwyliai weld Miss Arthur yn agosáu, ac wrth fynd, edrychai ar y cerrig beddau wrth ei hymyl. Roedden nhw'n hen, yn dwyn dyddiadau'n dechrau ag '18—' a hyd yn oed '17—'. Tynnodd un garreg ei sylw am ei bod hi'n sefyll mewn lle amlwg iawn gyferbyn â chongl yr eglwys. Llechen seml oedd hi, ond safodd Gaenor a syllu arni'n hir.

'Gaenor! Gaeno-o-r!' Deffrodd Gaenor o'i synfyfyrdod o flaen y garreg fedd a mynd i gyfarfod â Miss Arthur. Roedd geneth bryd tywyll at yr un oed â Gaenor gyda hi.

'Hylô, Gaenor. Dyma Rachel; mi welsoch ei chwaer hi, Sarah, ar y bws bnawn Sadwrn. A dacw Bethan ar y gair.' Prysurai geneth arall efo gwallt hir brown golau o'r llidiart bach ar ochr ogleddol yr eglwys.

Roedd Gaenor yn awyddus i dynnu sylw Miss Arthur at y garreg, ond chafodd hi mo'r cyfle. 'Rhaid inni frysio,' meddai Miss Arthur; 'mae arna'i ofn 'i bod hi am law. Rŵan, gennod, rydach chi'n sefyll ar safle sanctaidd hynafol: llan Geltaidd, sef darn crwn o dir wedi ei amgáu â phalis neu wal o gerrig—cnewyllyn y fynwent fel y mae hi heddiw. Roedd fan'ma'n dir cysegredig dros fil o flynyddoedd yn ôl. 'Drychwch, gellwch weld y siâp gron o hyd. Yn aml iawn roedd llan Geltaidd ar ben bryn, efo afon yn llifo wrth ymyl, a ffynnon o fewn cyrraedd.'

'Ond does dim ffynnon yma,' meddai Bethan.

'Oes, yn is i lawr ar y chwith, wrth ochr allt Cae Ffynnon. Yn ôl pob tebyg, roedd honno'n sanctaidd yn yr hen oes baganaidd.'

'Ydi'r eglwys yn hen iawn?' gofynnodd Gaenor.

'Nac ydi. Yn ein model ni rydan ni am ddangos y llan fel yr oedd hi yn Oes y Saint. Doedd dim eglwys yma bryd hynny, dim ond y cwt lle roedd yr hen sant yn byw, ac un arall lle roedd o'n dweud ei bader. Roedd 'na fynwent i Gristnogion yr ardal, a chlwt bach o dir lle roedd y sant yn tyfu digon o fwyd i'w gadw'n fyw, a buwch yn pori os oedd o'n lwcus.'

'Ond lle roedd y bobol yn mynd i'r eglwys, os nad oedd 'na eglwys?' myfyriodd Rachel.

'Yn yr awyr agored, i ddechrau. Byddai'r sant yn mynd â'i allor efo fo, a'i gosod i fyny a chynnal yr Offeren mewn unrhyw lecyn cyfleus. Toc, dyma nhw'n codi adeilad o goed, ac wedyn, yn oes Llywelyn Fawr, eglwys garreg, lai o lawer na hon. Yn nes ymlaen, dyma nhw'n 'i gwneud hi'n fwy, ac o'r diwedd, yn oes

22

Victoria, mi ddaeth pensaer o Lundain a chwalu'r hen eglwys i gyd ond y tŵr, a chodi adeilad newydd.'

'O!' ochneidiodd Gaenor. 'Bechod chwalu eglwys, a honno wedi'i chodi yn oes Llywelyn Fawr.'

'Roedden nhw'n chwalu llawer yn oes Victoria, ychi,' meddai Miss Arthur. 'Roedd o'n digwydd ym mhob man. Mi ddiflannodd myrdd o'n trysorau ni bryd hynny. Ond y peth pwysig inni ei gofio, gennod, ydi ein bod ni'n sefyll ar dir sydd wedi bod yn gysegredig ers y seithfed ganrif. Trïwch ei ddychmygu o fel yr oedd o bryd hynny. Rydan ni'n ôl yn Oes y Saint: be' welwch chi?'

'Yr afon. Coed. Cytia' yn fan'na . . .' Cododd yr awgrymiadau'n gyflym, a marciodd Miss Arthur y nodweddion ar gynllun o'r safle.

'O, mae'r gawod yn dechrau,' meddai, a rholio'r papur yn frysiog. 'Dowch i'r car ac mi awn ni am baned o de.'

Doedd Gaenor ddim wedi cael cyfle i sôn wrth Miss Arthur am ei darganfyddiad yn y fynwent. Ond roedd yr athrawes wedi darparu gwledd ar eu cyfer: danteithion blasus a sawl math o gacennau a bisgedi, a chan fod yr awel ar y bryn wedi codi awydd bwyd ar y plant, bwytaodd pawb yn iach. Roedd Miss Arthur wedi bod yn athrawes dosbarth ar Rachel a Bethan, ac roedden nhw'n gartrefol yng nghwmni ei gilydd. Siaradai Rachel fel prep, ac adrodd straeon lliwgar am helyntion ei theulu ar eu gwyliau yn Ffrainc. Geneth ddistaw oedd Bethan, ond chwarddai am ben anturiaethau Rachel: fel roedden nhw wedi mynd allan mewn cwch, a glynu yn y llaid pan oedd y llanw ar drai; fel roedd ei mam wedi cael *escargots* i ginio, a mynd mor sâl pan gerddodd un o'r malwod oddi ar ei phlât nes y bu raid nôl doctor ati; fel roedd Rachel a Sarah wedi mynd ar goll mewn coedwig fin nos, a chanu'r 'Happy Wanderer' i gadw'u calon i fyny—

'Crwydryn hapus, wir!' meddai Miss Arthur. 'Mae Rachel a'i theulu'n cael helbulon fel hyn bob tro maen nhw'n mynd ar y Cyfandir. Wn i ddim sut maen nhw'n fyw rhwng popeth.'

'O wel,' meddai Rachel,' os nad ydach chi yn 'y nghoelio i, ddweda'i mo'r hanes am y lladron yn yr Hôtel de la Biche.'

'O!' cwynodd pawb fel un, nes i Rachel doddi ac adrodd stori'r Americanes gyfoethog a'i diemwnt, ac fel roedd y Sureté ar drywydd y lladron. Mae'n wir ei bod hi braidd yn debyg i ddrama fu ar y teledu'n ddiweddar, ac i lewyrch bach direidus ymddangos o dro i dro yn llygad Miss Arthur, ond roedd o'n hanes cyffrous, a diflannodd gwên Bethan wrth iddi wrando.

Roedd gan Miss Arthur ast fach wen chwareus, hefyd, o'r enw Eira, ac roedd Gaenor wrth ei bodd efo hi. Buasai wedi hoffi ci neu gath ei hun, ond roedd ei mam wedi egluro wrthi ers tro y byddai anifail anwes yn styrbio gormod ar ei thad; peth cas fyddai ci'n cyfarth, a byddai cath yn sicr o sleifio i mewn i'r stydi a neidio ar y bwrdd a drysu'r papurau . . .

'Rŵan, gennod,' meddai Miss Arthur, wedi i bawb fwyta nes roedden nhw'n llonydd, 'dyma fodel gan y bechgyn o safle'r llan. Maen nhw'n deud ei fod o'n fathemategol gywir, ac mae o'n edrych yn dda iawn i mi.' Cytunodd y geneth-

24

od; roedd y model wedi ei wneud o papier-mâché ac yn dangos ffurf y bryn yn eitha' naturiol. 'Oes gan rywun syniadau am y coed, yr afon, y cytiau a'r nodweddion eraill?'

'Y stwff gwyrdd 'na maen nhw'n gosod bloda' ynddo fo,' cynigiodd Rachel. 'Mi fydda' hwnnw'n dda at neud coed.'

'*Oasis*,' meddai Miss Arthur. 'Mae gen i lwmp o hwnnw yn rhywle.'

'Papur arian wedi ei grychu fel yr afon,' meddai Gaenor. 'Pricia' bach i'r palis—'

'Neu gerrig mân, mewn sment. Mae gan Dad—'

Doedd dim diffyg syniadau. Trefnwyd cyfarfod arall cyn diwedd yr wythnos, pan fyddai pawb yn dod â defnyddiau priodol ac yn mynd ati i orffen y model. Gan ei bod hi'n dal i smwcan glaw, cynigiodd Miss Arthur eu danfon adref yn y car. Ond roedd cartref Rachel wrth law, a doedd tŷ Gaenor ddim yn bell.

'Twt, neidia i mewn,' meddai Miss Arthur. 'Dwi'n mynd â Bethan i lawr at lan y môr; alla'i fynd â chdi'r un ffordd.'

'Mi a'i lawr wrth waelod Allt yr Eglwys,' meddai Gaenor. 'Fydd gen i fawr o ffordd i fynd o fan'no.'

Safodd y car yng ngwaelod yr allt. 'Dydi'r eglwys yn edrych yn uchel o fan'ma?' meddai Gaenor wrth agor y drws, '—fel petai hi'n gwylio'r pentre i gyd?'

'Dyma ganol yr hen bentre,' meddai Miss Arthur. 'Roedd bywyd y werin bobol yn troi o gylch y bryn 'na.' Cododd ei llaw, ac ailgychwynnodd y car.

25

Nid aeth Gaenor adre' ar ei hunion. Dringodd yr allt at gât yr eglwys, a throi i'r chwith at y tai cyngor, lle roedd Chris yn byw. Roedd hi wedi bod yno unwaith o'r blaen efo nodyn oddi wrth ei mam i Mrs. Owen.

Canodd y gloch. Edrychai'r tŷ yn lân ac yn siriol, ac roedd llond yr ardd o flodau. Ond dyn diarth a agorodd y drws ac edrych arni'n ddigroeso.

'Ydi Mrs. Owen i mewn, os gwelwch chi'n dda?'

'Nac ydi.'

'O. Ydi Chris i mewn 'ta?' O weld y dyn yn llygadu arni'n ddrwgdybus, mentrodd Gaenor: 'Mr. Owen?'

'Ie.' Hanner-gwenodd y dyn o'r diwedd, nes iddi weld tipyn bach o debygrwydd i Chris ynddo. 'Pwy wyt *ti*, del bach?'

'Gaenor, Tanrallt.'

'O, *Tanrallt*. Hogan Dr. Griffith? Isio gadael neges i'r wraig wyt ti?'

'Naci. Os ydi Chris i mewn—' Gallai glywed sŵn set deledu.

'Chris!' galwodd y dyn. Agorodd drws, a llanwodd llais cyffrous rhyw sylwebydd chwaraeon y cyntedd bychan. Daeth Chris i'r fei, ac edrych arni'n syn.

'Hylô, Gaenor!'

'Chris, wyt ti'n brysur iawn? Os nad wyt ti— Dwi wedi *darganfod* rhywbeth yn y fynwent. Fedri di ddŵad yno efo mi am funud?'

'Wel—' Edrychodd Chris dros ei ysgwydd, i gyfeiriad y set deledu a chyffro'r ras. Ond allai ddim peidio â gweld yr apêl yn wyneb crwn rhosynnog Gaenor.

'Dim ond am ddau funud, Chris,' meddai.

'Reit, mi ddo'i.' Diystyrodd Chris syfrdandod amlwg ei dad.

'Be' ddoist ti o hyd iddo fo yn y fynwent?' gofynnodd Chris wrth iddyn nhw groesi'r ffordd at yr eglwys.

'Mi gei di weld,' meddai Gaenor yn gyfrinachol.

Fflachiodd posibiliadau erchyll i feddwl Chris, wedi eu dysgu gan fwyaf o gartŵnau Americanaidd, yn ymwneud ag ellyllon, gwrachod, defodau gwrthun hanner nos a phethau felly. Ond doedden nhw ddim yn gredadwy iawn yn y fynwent dawel drefnus yng ngolau dydd, efo ffurf fach solet Gaenor yn camu'n dalog o'i flaen. Claddgell yn arwain i dramwyfa danddaearol, myfyriodd Chris: gallai honno olygu sefyllfa gyffrous ofnadwy.

Safodd Gaenor wrth gongl yr eglwys. 'Yli,' meddai'n ddistaw, a phwyntio.

Edrychodd Chris, ond doedd yna ddim i'w weld.

'Y garreg fedd 'na,' meddai Gaenor.

Dim ond llechen seml betryal oedd hi, yn dwyn yr arysgrif:

IOHN ROBERTS
AGED 72. 1734

a phennill yn Gymraeg. Yn is i lawr, mewn llythrennau ychydig yn llai, roedd: 'I.W.1754'.

Siaradodd Gaenor yn ddiamynedd: 'Weli di mo'r angel? Weli di mo'r *tebygrwydd*?'

Uwchben yr arysgrif roedd y saer maen wedi torri llun pen ac esgyll, neu'n hytrach wyneb yn gorffwys ar fwa o blu.

27

Wedi eiliad o ddistawrwydd, cynigiodd Chris:
'Mae'n edrych fel 'tasa gynno fo sbectol.'

'A sbïa ar 'i lygaid o, Chris. A'i drwyn o, a'i dalcen o, a'i ben fflat. A siâp 'i wyneb o, fel gellygen. A'i geg o, dim ond hollt, ond mae o'n *gwenu*!'

'Ydi,' cytunodd Chris yn araf, 'mae o'n debyg.'

'Mae o'r un ffunud â'r duw. Mae o'n Geltaidd, Chris. Angel Celtaidd!'

Wrth iddi edrych ar y cerflun syml, roedd o'n ei swyno hi'n lân. Roedd o'n ddiniwed, fel y duw ar y wal yn Sir Fôn, ond yn fyw rywsut.

'Does gynno fynta' ddim gwallt. Na chlustia' 'chwaith.'

'Mae ganddo halo,' meddai Gaenor yn am-ddiffynnol. 'Ac mae'i esgyll o'n codi lle dylai'i glustia' fo fod.'

'Wel'is i 'rioed angel 'r un fath â hwnna o'r blaen.'

'Na finna'. Mae o ar 'i ben 'i hun,' meddai Gaenor.

'Ond roeddwn i'n meddwl bod y Celtiaid yn baganiaid, cyn amser Iesu Grist. Mae hwn wedi'i neud ym 1734!'

'Mi drodd y Celtiaid yn Gristnogion yn nes ymlaen. Roedd y fynwent 'ma'n llan Geltaidd am ganrifoedd, meddai Miss Arthur. Ac roedd pobol yn gosod pennau duwiau Celtaidd mewn eglwysi, ac roedden nhw'n troi'n saint wedyn, a neb yn gwbod y gwahaniaeth. Ella . . .' Ond roedd y syniad ym meddwl Gaenor yn rhy aneglur i'w roi mewn geiriau ar hyn o bryd. 'Chris, mae gen ti gamera, on'd oes?'

'Oes,' meddai Chris yn ochelgar. Adnabu yn llais Gaenor y nodyn dengar a glywsai weithiau yn llais ei fam pan fyddai'n ceisio ei swcro i wneud cymwynas iddi.

'Rwyt ti'n tynnu lluniau da.' Roedd Mrs. Owen wedi dangos lluniau ohoni'i hun mewn priodas perthynas, a brolio mai Chris a'u tynnodd. 'Fedret ti dynnu llun yr angel?' O weld Chris yn petruso, ychwanegodd yn frysiog: 'Mi dalwn i amdano fo. Mae gen i ddigon o arian poced.'

'Mi fasa'n rhaid 'i dynnu o ben bore, pan fyddai'r haul yn y dwyrain,' meddai Chris mewn tôn broffesiynol.

''Nei di, Chris? O, diolch yn fawr!'

'Be' 'nei di efo'r llun wedyn?' Wyddai Chris ar y ddaear pam roedd Gaenor mor eiddgar a chyffrous ynghylch y cerflun syml. Diflannodd ei gwên, a gwelodd Chris nad oedd hi'n barod i ateb. O'r diwedd dywedodd yn ddifrifol:

'Hwyrach yn bod ni ar fin darganfod rhywbeth —mewn pryd i'r arddangosfa!'

5

'Be' oedd hynna i gyd?' gofynnodd tad Chris. 'Dyma'r tro cynta' i hogan fach dy hudo di allan ar ganol ras—i'r fynwent o bob man!'

Ddywedodd Chris ddim am funud neu ddau. 'Mae arni hi eisio imi dynnu llun angel ar garreg fedd.'

'Pam gythrwm na ofynnith hi i'w thad neud peth felly?' Cododd Chris ei ysgwyddau heb ateb. 'Mae tynnu llun yn waith drud.'

29

'Mae Gaenor am dalu o'i harian poced.'

'Gad iddi hi neud. Maen nhw'n bobol ariannog. Gofala di gael dy dâl gynnyn nhw. Nid nad ydi'r hogan fach yn eitha' hoffus,' ychwanegodd ei dad mewn llais addfwynach. 'Ond rhyfedd iddi ofyn i ti. Does gan 'i thad hi ddim camera?'

'Un go od ydi o. Dydi o'n cymryd fawr o sylw ohoni hi.'

'Mi ddeudodd dy fam rywbeth—bod 'i feddwl o'n bell i ffwrdd.'

'Llyfra' ydi 'i betha' fo,' meddai Chris.

'Llyfra'! Pa les 'naeth y rheini i neb erioed? Mae hi bron yn amser i'r ras fawr.' Trodd y sŵn i fyny ar y set deledu.

'Ydach chi'n meddwl 'i fod o'n Geltaidd, Miss Arthur?'

'Ydw,' meddai Miss Arthur. 'Mae o'n hynod o debyg i'r pen welson ni yn Sir Fôn, ar wahân i'r dannedd.' Yn lle rhoi tro i geg yr angel, roedd y cerflunydd wedi dangos ei wên efo dwy res o niciau mân, mân o bobtu i linell syth. 'Dyfais seml eto, ond rywsut mae o wedi llwyddo i ddangos gwên addfwyn. Mae o'n gerflun tlws, bron fel gwaith plentyn, ond ddim yn blentynnaidd 'chwaith. Beth ydi barn dy dad ar ei nodweddion Celtaidd o?'

'Dydi 'nhad ddim wedi ei weld o,' mwmiodd Gaenor. 'Mae o'n brysur iawn yn sgrifennu erthygl.'

'Pwy oedd y saer maen, tybed?' myfyriodd Miss Arthur. 'Roedd o'n grefftwr yn deall ei waith. Pe bai gynnon ni gerrig eraill wedi eu cerflunio ganddo, byddai gynnon ni obaith o

ddarganfod sut un oedd o, a beth oedd ei hanes
. . . Roedd o'n ddyn dawnus, dwi'n meddwl, er
ei fod o'n gymharol ddi-addysg.'

Ystyriodd Gaenor hyn. 'Sgrifennu "John" fel
"Iohn"?'

'Wel, na—roedd "J" yn cael ei sgrifennu'n
"I" yn amal yn yr oes honno. Na, yn y pennill
Cymraeg 'ma mae 'na gamgymeriadau faset ti
ddim yn disgwyl eu cael nhw gan ddyn dysgedig
—gan ficer y plwyf, er enghraifft: "bowyd" yn
lle "bywyd", ac "in gwnaethpwyd" yn lle "y'n
gwnaethpwyd". Anodd credu ei fod o'n arfer
darllen Cymraeg. Ella ei fod o'n fwy cyfarwydd
â darllen Saesneg.'

'Ond roeddwn i'n meddwl eu bod nhw'n
Gymry da, yn yr oes honno!' meddai Gaenor.

'Dichon eu bod nhw, ond roedd y cofnodion i
gyd yn Saesneg, dwi'n credu. Saesneg oedd yr
iaith swyddogol. Gallai'r cerflunydd fod yn
anllythrennog, o ran hynny, ac yn copïo
cynllun a geiriau o waith y ficer neu'r
ysgolfeistr. Rhaid inni chwilio am enghreifftiau
eraill o'i waith o.'

'Dydach chi ddim yn meddwl mai fo oedd
"I.W., 1754"?' Dangosodd Gaenor y llythrennau
yn hanner isaf y garreg.

'Ugain mlynedd ar ôl marw John Roberts?
Dydi o ddim yn amhosibl, am wn i, achos yn ôl
yr hyn glywais i doedden nhw ddim yn codi
carreg fedd am yn hir weithiau. Ond mae o'n
edrych fel gwaith brysiog blêr; dydi o ddim o'r
un safon â'r gweddill o bell ffordd.'

''Lasa feddwl nad oedd 'i enw 'i hun o fawr o
bwys,' meddai Gaenor. Roedd hi wedi gweld
sawl llythyr a neges at ei rhieni wedi eu

sgrifennu'n eitha' eglur, ond efo llofnod fel traed brain.

'Mae 'na grŵp o aelodau'r Gymdeithas Hanes yn astudio'r cerrig beddau,' meddai Miss Arthur, '—ceisio hel achau a phethau felly.'

'Ella eu bod nhw'n gwybod pwy oedd John Roberts, ac I.W.?'

'Mi hola'i pan ga'i gyfle. Dydyn nhw ddim wedi cymryd sylw o'r cerfluniau hyd yn hyn, ond dwi'n meddwl y dylai rhywun o'r grŵp dynnu llun yr angel 'ma, i'w ddangos yn yr Arddangosfa.'

'Mae Chris wedi tynnu ei lun o'n barod. Chris Owen, ychi, mab Mrs. Owen sy'n dod i llnau i ni, 7, Bryneglwys.'

'O, Mrs. *Sylvia* Owen! Wyddwn i ddim fod Chris yn cymryd diddordeb mewn pethau fel hyn.' Swniai Miss Arthur yn syfrdan braidd.

'O ydi,' meddai Gaenor yn daer. 'Mae o wedi mynd i drafferth dros y lluniau. Mi fyddan yn barod ddydd Llun.'

'Mae'i fam o'n ddynes ragorol. Ond mae'i dad o allan o waith ers tro—er pan gaeodd y ffatri. Mrs. Owen sy'n cynnal y cartre'.'

'Ac mae Chris yn helpu,' meddai Gaenor yn eiddgar. 'Fo sy'n twtio'n gardd ni, ac mae o'n gweithio i bobol er'ill hefyd. Mae ganddo fo rownd papurau newydd bob bore, ac mae o'n danfon negesa' i'r bwtsiar fore Sadwrn, ac i'r grosar weithia'.'

'Chwarae teg iddo fo, mae o'n gweithio'n galed,' myfyriodd Miss Arthur. 'Fuo Chris erioed yn ddiog, ond doedd o'n fawr o sgolor yn yr ysgol gynradd. Ella 'i fod o'n datblygu yn yr ysgol fawr, fel mae ambell un. Wel, Gaenor,

32

mae hi'n bryd imi dy ddanfon di adre', neu mi fydd dy deulu di'n meddwl dy fod ti ar goll.'

Bu tipyn o sgwrs ynghylch model y llan rhyngddynt ar eu ffordd o'r fynwent. Roedd y genethod wedi bod wrthi'n ddiwyd, er bod tafod *tongue* Rachel yn brysurach na'i bysedd, ac roedd Miss Arthur wedi cael ei phlesio.

'Petaem ni ddim ond yn gwybod hanes llun yr angel ar garreg fedd John Roberts,' meddai Gaenor,'—petaem ni'n gallu *profi* 'i fod o'n *prove* Geltaidd, mi wnâi eitem dda i'r arddangosfa.'

'Ond, Gaenor bach, does gynnon ni ddim gobaith o'i brofi. Mi glywaist dy dad yn dweud na fedrai neb brofi'n bendant bod y pen yn Llanfairpwllgwyngyll yn Geltaidd. Petai rhywun yn dod o hyd i ben Celtaidd ar y safle hwn, pe baem ni'n medru dweud bod 'na rywbeth hynafol wrth law y gallai'r cerflunydd fod wedi *ancient* ei gopïo—'

Safodd Gaenor ar y llwybr a syllu ar Miss Arthur â llygaid disglair. 'Dyna wnaeth o, Miss Arthur, yn siŵr i chi! Ella 'i fod o yma o hyd, y pen Celtaidd gopïodd o!'

'Digon o waith, Gaenor. Cofia gymaint o newid sydd wedi bod yma. Mae hyd yn oed yr hen eglwys oedd yma ym 1734 wedi mynd. Ond mae'n wir y gallai'r man hwn fod wedi bod *place* yn gysegr paganaidd cyn i'r Cristnogion cynnar ei wneud o'n llan.' *early Sanctuary*

'Ydach chi'n meddwl, Miss Arthur?' Edrychai Gaenor o'i chwmpas yn freuddwydiol, gan geisio gweld y darlun newydd hwn yn nrych ei dychymyg ei hun: y ddefod, yr aberth, y 'gêm sanctaidd'.

'Dydi o ddim yn amhosibl, y nac ydi, o ystyr-ied pa mor amlwg a chanolog ydi'r bryn, ac fel mae bryniau eraill, Moel Famau a Glastonbury Tor a bryniau Cernyw, yn cael eu cysylltu â'r hen grefydd? Ond dyfalu ydan ni, a dwi'n siŵr y byddai dy dad yn gwneud sbort am ein pennau ni am hel meddyliau heb ronyn o brawf archaeolegol!'

Ddywedodd Gaenor ddim, ond sylwodd Miss Arthur fod ei hwyneb crwn rhosynnog wedi colli ei wên arferol. Edrychai'i cheg fechan fel llinell syth, a'i gên yn anghyffredin o gryf, bron yn ystyfnig.

6

'Mae hwnna'n llun ardderchog, Chris!' Syllai Gaenor arno ag edmygedd brwd. Roedd hi wedi rhuthro i gyfarfod Chris pan ddaeth o i'r cwt i nôl y peiriant lladd gwair.

Ceisiodd Chris guddio'i foddhad ei hun. 'Roedd y golau'n iawn,' meddai'n ddidaro. 'Mae'r angel yn dangos i fyny'n eitha'.'

'Ydi—'i ddannedd o a phob dim, a'r sgwennu.' Craffodd ar y darlun. 'Wyddost ti be', Chris? Dwi'n credu mai "IOHN ROBERT" oedd o i ddechra', a bod rhywun wedi rhoi'r S i mewn yn nes ymlaen. Sbïa fel mae o'n edrych yn llwytach na'r llythrenna' eraill, ac yn gam, fel petai o'n syrthio 'mlaen ar 'i wyneb.'

'Ydi, mae o hefyd. Ond "Roberts" sy'n iawn, 'tê? Dwyt ti ddim yn clywed am neb yn galw'i hun yn "Mr. Robert". Gneud mistêc ddaru'r saer maen, siŵr i chdi. Sbïa'r fath smonath 'naeth o o'r pennill—gadael petha' allan a gorfod 'u gwasgu nhw i mewn uwchben.' Teimlai Chris bang annisgwyl o gydymdeimlad â'r hen dorrwr cerrig beddau. Be' fasai Mr. Rees yn yr ysgol yn sgrifennu ar ei adroddiad? 'Esgeulus. Dylai roi ei feddwl ar ei waith.'

'Roedd Miss Arthur yn meddwl hwyrach nad oedd o'n arfer darllen a sgwennu Cymraeg, a dyna pam mae'r pennill mor flêr. Gallai fod yn siarad Cymraeg bob dydd heb fedru 'i sgwennu hi.'

Eitha' posib, meddyliodd Chris. Doedd yntau ddim wedi cael marciau da yn Gymraeg 'chwaith, ac roedd ei athro wedi dweud y dylai bachgen oedd yn siarad Cymraeg gartre' wneud yn well yn ei famiaith.

'Rhaid fod gen ti gamera gwych, Chris.'

'Ydi, mae o'n grêt. Presant pen-blwydd gan Dad.' Pan oedd Chris yn ddeuddeg oed, roedd ei dad yn cael cyflog da ac yn gwario'i arian yn hael ar ei deulu.

'Faint oedd y llunia'?' gofynnodd Gaenor yn bryderus. Roedd hi wedi dod â'i phwrs i'r ardd ac fe dalodd ei dyled yn y fan a'r lle.

'Be' wyt ti am neud efo nhw rŵan?' gofynnodd Chris. Peth od oedd gweld hogan fach yn lluchio pres da ar bethau fel yna.

Edrychodd Gaenor yn ddifrifol arno. 'Eu hanfon nhw i Amgueddfa Werin Sain Ffagan.'

Gwelodd fod hyn wedi taro Chris yn fud. Rhythodd arni â'i geg yn agored. 'Maen nhw'n gwbod y cwbwl am betha' fel hyn yn Sain Ffagan,' eglurodd Gaenor. 'Mi aeth Mam a fi yno ha' dwytha', pan oedden ni'n aros yng

Nghaerdydd tra oedd Dad yn darlithio. Mae 'na bob math o hen betha' yno—mi faset ti wrth dy fodd yn Sain Ffagan, Chris! Roedden ni yno ar hyd y dydd. Wel'ist ti'r rhaglen "Hen Drugareddau"?' Roedd hon yn un o'r ychydig raglenni teledu y byddai Gaenor a'i rhieni yn eu gwylio fel teulu. Ysgydwodd Chris ei ben. 'Wel, mae 'na banel, wsti, o bobol glyfar, ac mae'r cadeirydd yn dangos hen betha' iddyn nhw a gofyn iddyn nhw ddyfalu beth ydyn nhw a deud 'u hanes nhw. Mi fydd 'na rywun o Sain Ffagan yno'n amal, ac mi fydd yn gwbod yr ateb bob tro! Maen nhw'n ddynion neis iawn, ac mi fyddan yn gwbod y cwbwl am yr angel, mi gei di weld.'

Gwenodd Mrs. Owen wrth weld Gaenor yn dod i mewn efo'r lluniau. 'Be' wyt ti'n feddwl ohonyn nhw? Mi gafodd Chris hwyl dda arnyn nhw, yn do?'

'Do, grêt—' Tawodd Gaenor wrth glywed drws y stydi'n agor. Llithrodd y ddau lun yn frysiog y tu cefn i un o'r dysglau gleision ar y dresal. 'Peidiwch â deud wrth Dad,' sibrydodd. 'Syrpreis!'

Ymddangosodd ffurf dal fain Dr. Griffith wrth ddrws y gegin. Edrychodd arnyn nhw ac o gwmpas y stafell yn ddryslyd braidd.

'Mi fydd ych paned chi'n barod ymhen dau funud, Dr. Griffith.'

'Diolch yn fawr, Mrs. Y-y-' 'Owen,' sibrydodd Gaenor, ond chymerodd ei thad ddim sylw. 'Ond nid dyna roeddwn i—' Symudodd yn anesmwyth o'r naill fwrdd i'r llall.

'Ydach chi wedi colli rhywbeth, Dr. Griffith?'

36

'Mi gefais i lythyr y bore 'ma o Amgueddfa Sain Ffagan, ac mae o wedi diflannu i rywle!'

'Wel'is i mo'no fo. Rydach chi wedi mynd â fo i'r stydi efo'ch llythyra' er'ill, mae'n siŵr.'

'Roeddwn i'n *meddwl* fy mod i, ond—' Craffodd Dr. Griffith yn ddrwgdybus ar gasgliad o gardiau lliwgar, wedi eu hanfon at y teulu gan ffrindiau ar eu gwyliau. Cododd gaead y bin sbwriel a phrocio ymhlith ei gynnwys.

'Dyma fo, Dad!' Roedd rhyw gyffro cudd wedi codi mwy o wrid nag arfer i fochau crynion Gaenor.

'Lle roedd o?'

'Ar y dresal, o dan y bil trydan a'r papur bingo.'

Lluchiodd ei thad y bil trydan i ddrôr a'r 'papur bingo' i'r bin sbwriel, a chydio yn y llythyr hollbwysig. Ar ei ffordd i'r drws, arafodd yn ei gerdded. 'Fy sbectol—lle rhois i nhw?'

'Maen nhw ar flaen ych trwyn chi, Dr. Griffith!' meddai Mrs. Owen, a rhoddodd Gaenor wich o chwerthin. Ar ôl edrych o'r naill i'r llall, cododd ei thad ei law at ei drwyn. Wedi dod o hyd i'w sbectol, gwgodd trwyddyn nhw ar ei blentyn.

'Paid ti â gwneud sbort am ben dy dad!' meddai'n chwyrn, ac allan â fo. Ac os clywodd o sŵn y ddwy'n tagu gan chwerthin distaw, chymerodd o ddim arno.

Ailddarllenodd Gaenor ei llythyr i arben-igwyr Sain Ffagan. Roedd hi wedi llafurio'n hir i'w gyfansoddi, ac roedd o'n barod i'w gopïo'n drefnus ar y papur sgrifennu pinc a gawsai'n anrheg beth amser yn ôl. O dan ei chyfeiriad a'r dyddiad roedd wedi sgrifennu:

'Annwyl Syr,

Dyma ichi lun angel ar garreg fedd yn hen fynwent Llanfair-is-y-Graig. Yr wyf i'n meddwl ei fod o'n debyg i'r pen Celtaidd yn Llanfair-pwllgwyngyll, Ynys Môn. Ydych chi'n meddwl bod yr angel yn Geltaidd? Welais i'r un tebyg iddo o'r blaen.' Roedd Gaenor wedi rhoi 'Beth yw eich barn chi?' yn fan'ma, gan fod cadeirydd 'Hen Drugareddau' yn aml yn annerch aelodau'r panel fel hyn. Ond doedd o ddim yn swnio'n iawn yn ei llythyr hi rywsut, a dileodd y cwestiwn.

'Ydych chi'n meddwl mai "I.W.1754" oedd y cerflunydd?

'A wnewch chi anfon y lluniau'n ôl, os gwelwch chi'n dda. Christopher Owen, 14 oed, ddaru eu tynnu nhw.' Ystyriodd Gaenor y frawddeg hon a newid y pedwar gair olaf i 'a'u tynnodd nhw'. 'Rydym ni am eu dangos yn Arddangosfa Cymdeithas Hanes Llanfair-is-y-Graig fis nesaf.'

Roedd yna rywbeth arall y dylai fod wedi ei ddweud. O ie. Sgrifennodd: 'Mi fûm i yn Sain Ffagan efo Mam y llynedd. Roeddem ni yno ar hyd y dydd a chael amser braf. Rydym ni wedi mwynhau'r gyfres "Hen Drugareddau" hefyd.

'Diolch yn fawr am eich cymorth.

'Yr eiddoch yn gywir,

'Gaenor Seiriol Griffith, 10 oed.'

Wedi iddi gopïo'r cyfan yn ei llawysgrifen orau, teimlai'n eitha' balch o'i llythyr. Wrth lwc roedd ei hamlenni pinc yn ddigon o faint i ddal y lluniau. Doedd hi ddim wedi cael cyfle i godi cyfeiriad yr Amgueddfa oddi ar amlen llythyr ei thad yn y bore, ond medrai'i gofio'n iawn, hyd yn oed côd y post, yn ôl system wedi ei dyfeisio efo ffrindiau yn ei hen ysgol: 'CardifF pump-chwech Xcellent Brains'. Roedd yr 'Xcellent Brains' wedi neidio i'w phen hi pan 'ffeindiodd' hi'r llythyr i'w thad ar y dresal. Lwc annisgwyl oedd iddo gyrraedd y diwrnod hwnnw. Doedd ganddi ddim i'w wneud bellach ond sleifio i'r swyddfa bost wrth fynd i'r llyfrgell i newid ei llyfrau. Gan fod yr amser yn brin a'r llythyr mor bwysig thalai dim ond stamp dosbarth cyntaf.

'Lle mae dy dad?' Roedd Mrs. Owen newydd gyrraedd adref a dod allan i'r ardd gefn, lle roedd Chris yn codi tatws. Symudodd Chris ei ben y mymryn lleiaf i gyfeiriad y Britannia Inn. 'Hwyl go ddrwg y bore 'ma,' meddai.

Ochneidiodd ei fam. 'A dydi Dr. Griffith fawr well. Wyddost ti 'i fod o wedi gweiddi ar yr hen Gaenor fach y bore 'ma, dim ond am 'i bod hi wedi chwerthin am 'i ben o?'

'Gaenor yn chwerthin am ben 'i thad?' Swniai hyn yn anhygoel i Chris.

'Am 'i fod o mor anghofus, chwarae teg—fedrai hi ddim dal! Roeddwn i wedi herian tipyn arno fo fy hun, doedd gen i ddim help. Mi fydda i'n meddwl weithiau . . .' Ni orffennodd y frawddeg. 'Wyddost ti mai "Mrs. Y-" ydw'i iddo fo ar ôl bod yno bum d'wrnod yr wythnos am fis? Mae'i ben o mor llawn o betha' dyrys dyfnion fel nad oes gynno fo ddim lle i ddim byd arall. Mae'r hen Gaenor druan yn cael 'i gadael ormod ar 'i phen 'i hun. Gresyn mewn ffordd fod Mrs. Griffith yn mynd i weithio bob dydd, ond pwy welai fai ar y ddynes efo gŵr fel yna? Mae eisio palu'r clwt 'na, Chris.'

'Mi 'na i heno,' meddai Chris.

'Gardd dda at dyfu cerrig ydi hon,' cwynodd ei fam. 'O b'le maen nhw'n dŵad, dwn i ddim.'

Gardd yn tyfu cerrig, meddyliodd Chris wrth ryddhau'r tatws a'u gosod mewn powlen. Eginodd syniad yn ei feddwl, a dechrau tyfu.

Ffoniodd Miss Arthur y noson honno.

'Hylô, Gaenor. Rydw'i wedi cael sgwrs efo tad Rachel. Mae o'n aelod o'r grŵp sy'n gweithio ar y cerrig beddau. Mae o'n dweud bod ganddyn nhw syniad pwy oedd John Roberts, ond na fedran nhw fod yn hollol siŵr am ei fod o'n enw mor gyffredin. Ond mae "I.W. 1754" yn ddirgelwch llwyr hyd yn hyn. A does neb wedi astudio'r cerfluniau na dyfalu pwy allai'r saer maen fod. Ond mae mam Rachel wedi sylwi ar dri angel arall yn yr un rhan o'r fynwent!'

'Tri arall!' Yng nghanol ei chyffro, gresynai Gaenor ei bod hi wedi anfon ei llythyr i Sain Ffagan cyn cael gwybod hyn. 'Ydyn nhw'n debyg i un John Roberts?'

'Wn i ddim. Ond hwyrach y byddan nhw'n cynnig cliw i hanes ei garreg o. Ac mae 'na bosibilrwydd arall. Dwi'n amau bod 'na nifer o hen gerrig o'r cyfnod ym mynwent Sant

Bodfan, yn y plwy' nesa'. Ella yr awn ni yno ryw ddiwrnod i gael golwg arnyn nhw.'

Diolchodd Gaenor i Miss Arthur, heb gyfadde' nad oedd 'rhyw ddiwrnod' yn ddigon buan iddi hi. Roedd y wên yn y garreg yn ei denu hi i ddatrys ei chyfrinach.

7

Daeth Gaenor o hyd i ddau o'r tri angel arall yn rhwydd iawn drannoeth, ar garreg fedd Judith Hughes, 1775. Doedden nhw ddim yn debyg i'r cyntaf. Roedden nhw'n iau na fo o dros i ddeugain mlynedd, ac yn perthyn i fyd gwahanol: dau ben asgellog, mae'n wir, ond roedd y rhain yn geriwbiaid bach del efo bochau tewion. Babanod nefol cyffredin oedden nhw, bob un o dan ei ganopi o gwmwl, heb wên na chysgod o'r dieithrwch a welid yn wyneb yr angel hŷn. Yn amlwg, roedd gŵr hiraethus Judith wedi dymuno iddi gael popeth o'r gorau, ac roedd y saer maen wedi llenwi ei charreg ag addurniadau: nid engyl yn unig, ond coeden yn tyfu o bot, a blodau tebyg braidd i ddant y llew. I goroni'r cwbl roedd wedi torri penillion Saesneg:

'Farewell my husband and my children dear—'
Llanwodd llygaid Gaenor â dagrau.

'Oi!' gwaeddodd rhywun o'r ochr draw i'r llwybr.

Cododd Gaenor ei phen a gweld Chris yn gwenu arni dros ben y wal a redai rhwng y fynwent a'r llwybr cyhoeddus i fyny o ganol y pentre heibio i dalcen yr eglwys at ymyl ei gartref. Wedi tynnu ei sylw, pwyntiai Chris yn gyffrous at rywbeth yn uchel i fyny gyferbyn â fo. Galwodd nerth ei ben: 'Pennau-au!'

Yn ei brys i weld beth oedd yn achosi stumiau Chris, anghofiodd Gaenor am alar teulu Judith druan a gwibio tua phen gorllewinol yr eglwys. Safai'n stond yno gan edrych i fyny, yn fud nes i Chris ddod trwy'r llidiart bach i'r fynwent.

'Chris, maen nhw'n wych! Sut na faset ti wedi deud wrtha'i amdanyn nhw o'r blaen?'

Yn nhalcen yr eglwys roedd ffenest gul fain, a dwy ffenest fechan o bobtu iddi. Uwch eu pennau ymestynnai tri bwa pigfain o garreg yn cynnal mur y tŵr, lle hongiai'r gloch, ac roedd pob bwa'n diweddu mewn dau ben. Syllai rhes o bennau, pedwar i gyd, â llygaid mawr gwyllt tua'r gorllewin.

'Wyddwn i 'rioed 'u bod nhw yma o'r blaen,' meddai Chris. 'Welais i mo'nyn nhw. Maen nhw i'w gweld yn well o'r llwybyr am 'i fod o'n uwch i fyny. Ond mae rhywun yn mynd yn syth yn 'i flaen heb edrych i'r ochor. Mi fuost titha' yma o'r blaen heb ddal sylw arnyn nhw.'

Roedden nhw i gyd yn wahanol i'w gilydd, tri yn ddynion ac un yn ferch; tywysog a thywys-oges a dau ŵr mewn penwisg henffasiwn.

'Maen nhw'n hen iawn,' meddai Chris.

'Maen nhw'n edrych felly. O, da iti 'u gweld nhw, Chris! Debyg 'u bod nhw'n rhan o'r hen dŵr. Mi ddeudodd Miss Arthur mai dim ond y tŵr sydd ar ôl o'r hen eglwys.'

'Faint fasa'u hoed nhw felly?'

Ystyriodd Gaenor. 'Y bymthegfed ganrif: pum can mlynedd o leiaf.' Chwibanodd Chris. 'Hŷn ella, 'chos Llywelyn Fawr gododd yr eglwys. Hwyrach mai Llywelyn a'i wraig ydi'r ddau efo coron! Ond wn i ddim ydyn nhw'n mynd yn ôl cyn belled â hynny.' Ochneidiodd. 'Dydyn nhw ddim yn *Geltaidd.*'

'Sut y gwyddost ti? Clampia' o lygaid mawr fel tylluanod,'—gwnaeth Chris i'w lygaid ei hun sefyll allan o'i ben wrth ddweud hyn—'a chegau bach cul.'

'Dydi hwnna ar y chwith ddim yn annhebyg. Ond maen nhw'n fwy—yn fwy *naturiol* rywsut. Mae gynnyn nhw wisgoedd, yli—mae gan hwnna *locsyn*!' Mewn ateb i gwestiwn ar drip Sir Fôn, roedd ei thad wedi pwysleisio nad oedd Celt yn gwisgo barf. A gwefusau, genau, ffroenau, esgyrn yn eu bochau fel pobol fyw, meddyliodd yn ddigalon; ond dim gwên. Syllai'r pedwar wyneb yn syn i wacter: pobl fawr ffroenuchel eu cyfnod heb fawr i'w ddweud wrth neb.

'Dwyt ti ddim yn meddwl 'lasa fo fod wedi copïo nacw ar y chwith wrth dynnu llun yr angel?' Swniai Chris yn siomedig. Edrychai Gaenor ar y rhes pennau heb ateb. Roedd ganddyn nhw rywbeth i'w ddweud, rhyw gyfrinach i'w datgelu efallai, ond beth?

'Chris, ty'd i chwilio am yr angel arall. Mi ddwedodd mam Rachel fod 'na dri arall, yn y rhan yma o'r fynwent, ond dim ond dau wel'is i hyd yn hyn.'

Tyfai glaswellt haf yn drwchus o gwmpas y cerrig, gan hanner-cuddio ambell un wastad. Roedd dwy neu dair o gerrig wedi cael eu codi

43

o'u llefydd gwreiddiol a'u gosod i bwyso yn erbyn wal yr eglwys. Craffodd Gaenor arnyn nhw a gweld un o'r un faint a siâp betryal â llechen John Roberts.

'Chris!' galwodd. 'Mae hon yn debyg i un yr angel, ac mae'r dyddiad 'r un fath—yli!'

Aeth Chris ati a darllen yr arysgrif:

'Here lyeth ye
body of Mary Rowlands
who dyed 1734
Aged 47'

Uwchben y geiriau hyn roedd y saer maen wedi llunio planhigyn yn tyfu o bot coeden: dail yn codi'n osgeiddig mewn cynllun triphlyg, clwstwr yn y canol a dwy ddeilen o bobtu.

'Mae gan Judith Hughes, draw 'na, bot coeden hefyd,' murmurodd Gaenor toc. 'Ond mae hwn yn wahanol.'

Aeth Chris i edrych ar garreg Judith. Ystyriodd y goeden stiff annaturiol fel canhwyllbren. 'Tebyg i goeden mynci pysl,' dyfarnodd. Nofiodd cyngor ei athro i'w feddwl: 'Paid â thrio pacio popeth i mewn. Rhyw lobsgows o lun ydi hwnna.' Mr. Williams oedd un o'r ychydig athrawon y gallai Chris siarad â fo o ddifri'. A'i fam wedyn: 'Paid â phlannu'r bloda' na'n rhy agos at 'i gilydd. Mae arnyn nhw eisio lle i anadlu.' Roedd 'na ormod o bethau ar garreg fedd Judith: engyl a chymylau a blodau'n troi o gylch dau asgwrn ('chops', meddyliodd Chris), a phot coeden, heb sôn am arysgrif fanwl a rhes o benillion. Ar garreg Mary Rowlands roedd gan y dail ddigon o le i anadlu.

'Doedd y dyn 'naeth hon ddim yn stwffio gormod i mewn,' meddai ar ôl mynd yn ôl at garreg Mary.

'Wyt ti'n meddwl 'i bod hi'n dlos, Chris? Be' *pretty* wyt ti'n weld?' Roedd Chris yn craffu ar y cerflun heb ddweud dim.

'Roedd o'n gweithio heb batrwm. Sbïa, dydi'r ddeilen ar y dde ddim yn union 'r un fath â'r un ar y chwith.'

'Dydi hi ddim 'chwaith. Doeddwn i ddim wedi sylwi,' meddai Gaenor yn barchus. 'Mae gen ti lygad da.'

'O, dwn i 'im,' mwmiodd Chris. Ond byddai'i fam yn dweud yr un peth. Honnai mai'r rheswm oedd fod taid ac ewyrth Chris yn seiri, a bod 'cyw o frîd yn well na phrentis'. *apprentis*

'Dydi esgyll yr angel ddim 'r un fath, 'chwaith. Roedd o'n gweithio'n *freehand*, wsti.'

'Rwyt titha'n meddwl mai'r un dyn wnaeth y ddwy!' meddai Gaenor.

'Wel, mae 'na debygrwydd, choelia'i byth. Mae'r geiriau wedi'u gosod mewn panel yn y ddwy, a *joints* ynddo fo fel ffrâm pictiwr.' Roedd y cerflunydd fel petai wedi dynwared gwaith *imitate* coed.

'Ac mae'r llythrennau'n debyg. Edrych, Chris, yr "R" fawr 'na yn "Rowlands" a "Roberts". Mae o wedi gneud rhyw batrwm ffansi yn y ddwy.' Sbonciai Gaenor yn wyllt rhwng y naill garreg a'r llall.

'Rwyt ti'n iawn,' Gwelodd Gaenor fod Chris yn teimlo tipyn o'i chyffro hi. 'A'r "Aged" yn y ddwy—maen nhw'n debyg, yn enwedig y ddau dro ar ben a chynffon yr "A".' Llithrodd Chris ei

45 *excitment*

fys o gylch y llythyren ar garreg Mary Rowlands.

'A'r "H" yn "IOHN" a "Here"—mae o'n rhoi pig bach ar ganol y lein sy'n mynd ar 'i draws o—'

'A rhyw nobyn ym mhob pen iddi—' Nodiodd y ddau ar ei gilydd yn llawen.

'Rydan ni'n dechrau darganfod rhywbeth!' Curodd Gaenor ei dwylo.

'Ydan,' petrusodd Chris, 'ond i b'le ydan ni'n mynd o fan'ma? Am be' ydan ni'n chwilio?'

Edrychodd Gaenor arno mewn distawrwydd am funud. 'Mae o fel gêm jig-so. Mae'r naill beth yn arwain i'r llall.' Tyfai'r argyhoeddiad ynddi fod yna rywbeth yn y fynwent yn disgwyl iddyn nhw ei ddarganfod, ond fedrai hi ddim dweud peth felly wrth Chris na neb arall. 'Pwy oedd o? Dyna hoffwn i wybod. Os I.W. oedd o—'

'Ifan Williams,' awgrymodd Chris. 'Ifor. Iorwerth. Idris.'

'Neu John,' meddai Gaenor. 'Roedden nhw'n sgrifennu I am J, yli. Iohn, Iames, Ioseph, lot o enwau o'r Beibl.'

'Ond does 'na ddim "I.W." ar hon,' sylwodd Chris gan gyfeirio at garreg Mary Rowlands. Crychodd ei dalcen. 'A pheth arall—O sobrwydd!'

'Be' sy'n bod?' Roedd Chris yn edrych dros ei hysgwydd at gât y fynwent.

'Dacw Dad yn croesi'r ffordd. Mi fydd yn disgwyl i mi fod adre' o'i flaen o. Rhaid imi fynd, wsti. Hwyl.'

Ac i ffwrdd â fo nerth ei draed, gan adael Gaenor i geisio dyfalu beth oedd y 'peth arall'. A doedd hi byth wedi dod o hyd i'r trydydd o'r angylion y soniasai mam Rachel amdanyn nhw!

Bu raid iddi droi o gylch y fangre am dipyn cyn ei ganfod. Roedd ar garreg wastad wedi ei gwisgo gan y tywydd; dim ond tro un asgell oedd i'w weld yn glir. Gallai deimlo amlinelliad ei wyneb â'i bysedd, ond roedd ei brydweddion wedi diflannu. Roedd y dyddiad, 1767, a'r cynllun yn ddigon i ddangos mai gwaith cerflunydd arall oedd y llun hwn. Teimlai Gaenor yn siomedig a digalon, a daeth cwestiwn moel Chris yn ôl iddi: 'Am be' ydan ni'n chwilio?'

Hwyrach mai'r ateb oedd: Wn i ddim, nes imi 'i ffeindio fo! Roedd dau wyneb dirgelaidd wedi gwenu arni, a'i gyrru hi i chwilio am rywbeth, am *rywun*. Trodd yn ei hôl at garreg John Roberts, a dyna lle roedd yr hen angel cyntefig yn edrych arni'n galonogol.

Yr eglwys, meddyliodd. Ni fu Gaenor ynddi erioed, gan fod ei theulu'n gapelwyr. Dichon fod yno weddillion o'r hen adeilad, lle roedd John Roberts a Judith Hughes a Mary Rowlands wedi addoli yn eu dydd. Gallai gael 'cliw' yno, chwedl Miss Arthur. Ond pan aeth hi drwy'r ports a chodi'r glicied, roedd y drws wedi ei gloi. Doedd dim llawer o wasanaethau'n cael eu cynnal yn yr hen eglwys fach, yn ôl Miss Arthur; roedd yr eglwys hardd a godwyd yn ddiweddarach yn ymyl y briffordd yn llawer mwy cyfleus a siriol. Byddai'n rhaid iddi holi pa bryd y byddai Eglwys y Santes Fair yn agored.

Pan ddaeth hi allan o'r ports i'r fynwent, darganfu Gaenor fod arni eisio bwyd. Roedd hi'n amser cinio, a byddai Mrs. Owen wedi darparu pryd blasus iddi hi a'i thad. Ei thad—

47

ychydig a wyddai ei bod hi wedi sgrifennu i Sain Ffagan! Aeth ias o gyffro trwyddi wrth iddi feddwl am ei cham mentrus, a dychmygu ymateb yr 'Xcellent Brains' i'w chais. A doedd hi ddim wedi dweud celwydd pan soniodd hi wrth Mrs. Owen am 'syrpreis' i'w thad. Ond beth a fyddai ei farn o ar y 'syrpreis' pan ddeuai, doedd ganddi ddim syniad—na 'chwaith, o ran hynny, beth yn union fyddai natur y 'syrpreis' ei hun.

8

'Rwyt ti wedi troi'n ddarllenwr mawr yn sydyn,' meddai tad Chris wrtho.

Cochodd Chris wrth glywed ei dôn wawdlyd, heb ddweud dim. Doedd dim angen iddo ateb, gan fod ei fam wedi dod i'r gegin mewn pryd i glywed sylw'i dad.

'Os ydi o, gorau'n byd! Mi ddeudodd 'i athro Saesneg o yn 'i riport y dyla' fo ddarllen mwy.'

'Athrawon!' chwarddodd ei gŵr. 'Mae'n bryd i chditha' roi'r gora' i swnian am y riport gythral 'na. Waeth iti heb â disgwyl iddyn nhw neud sgolor o Chris. Mae hynny o frên sy gynno fo yn 'i ddwylo.'

'Paid â siarad fel'na, Emlyn. Pan aeth Chris i Fangor gynta' doedd neb yn fwy awyddus na chdi iddo fo neud 'i ora'. Roeddet titha'n talu sylw i'w riport o bryd hynny.'

'Mae petha' wedi newid.'

'Do, gwaetha'r modd, ond does dim isio i Chris dorri'i galon o achos hynny, nac oes?

48

Mae'i ddyfodol o'n dibynnu ar 'i waith o yn y blynyddoedd nesa' 'ma.'

'Pa ddyfodol? Pam na wynebi di'r gwir, dywed? Dydi pasio arholiada'—i'r rhai sy'n ddigon peniog i basio—dydi o'n werth dim y dyddia' yma. Dyna iti Robin dros y ffordd, sy wedi bod yn hogyn clyfar ar hyd 'i oes a gneud cwrs coleg—ar y dôl mae o fel finna'. Non wedyn, wedi pasio fel athrawes, ac mae hi'n falch o waith mewn siop. Ac roedden nhw'n blant gloyw, cofia!'

Gwingodd Chris wrth glywed y gwawd yn llais ei dad. Doedd dim wythnos yn mynd heibio heb ryw edliw fel hyn rhwng ei rieni, ac yntau'n aml yn gocyn hitio yn y canol. Roedd o a'i dad yn llawiau pan oedd Chris yn blentyn, ac yn falch o'i gilydd. Anodd oedd credu peth felly erbyn hyn. Roedd deunaw mis o ddiweithdra wedi chwerwi Emlyn Owen yn enbyd.

'Doeddwn i ddim yn ddwl fy hun o bell ffordd,' meddai'i dad. 'Marciau da mewn chwe phwnc yn lefel "O"; gweithio fel blac ar ôl hynny i wella fy hun; dal swydd gyfrifol yn offis y ffyrm a gneud 'y ngora' glas iddyn nhw— Faint haws ydw'i heddiw? Dim uwch bawd sawdl wedi'r cwbwl.'

Rhygnu dros yr un hen dir, meddyliodd Chris; brathu ar y geiriau fel petaen nhw'n sur yn ei geg, a'r nodyn cwynfannus piwis a ddaethai i'w lais yn ddiweddar i'w glywed y tu cefn i'r cyfan. Roedd y newid yn ei dad yn ei boeni; roedd i'w weld yn ei wisg, ei ffordd o siarad, y llacrwydd canol-oed yn ei wyneb. Cododd Chris a mynd trwodd i'r gegin.

Toc daeth ei fam ar ei ôl ac eistedd wrth ei ymyl. Fel rheol roedd ei hynni'n ddi-ball, ond edrychai'n flinedig rŵan.

'Paid â chymryd sylw ohono fo, 'ngwas i. Digalondid sydd arno fo, rwyt ti'n dallt hynny.'

Pam mae o'n mynnu gwthio'i ddigalondid arnon ni? meddyliodd Chris. Ond ddywedodd o ddim.

'Mrs. Owen, dwi am fynd am dro ar 'y meic i fynwent Sant Bodfan,' meddai Gaenor.

'Bobol bach, Gaenor, i be' wyt ti'n mynd i fynwent ar fore braf fel hyn?'

'Mae Miss Arthur yn deud bod yno hen gerrig beddau tebyg i'r rhai mae Chris a fi wedi'u ffeindio yn y fynwent yma,' atebodd Gaenor. Edrychai'n hiraethus braidd i gyfeiriad yr ardd ffrynt, lle roedd y peiriant lladd gwair yn gweithio'n swnllyd. 'Rydan ni'n gweithio i'r Gymdeithas Hanes, ychi.'

'Wel, os wyt ti am fynd ar dy feic, rhaid iti gadw at y lôn ucha' oddi ar ffordd y traffig mawr, a rhaid i Chris fynd efo chdi.' Gloywodd gwedd Gaenor wrth glywed hyn, ond daeth cwmwl drosti pan ychwanegodd Mrs. Owen: 'Os bydd dy dad yn cyd-weld.'

Petrusodd Gaenor am eiliad. Roedd drws y stydi wedi ei gau'n dynn, a doedd dim siw na miw i'w glywed oddi yno; rhaid fod ei thad yn ddwfn yn ei waith. 'Gofynnwch chi, Mrs. Owen, tra fydda' i'n hel 'y mhac—trywel a siswrn a phetha' i neud *rubbing*.'

'O, o'r gora'. Mae 'na hen gadacha', hefyd, yng ngwaelod y cwpwrdd acw. Cymer ddau ohonyn nhw.'

Curodd Mrs. Owen ar ddrws y stydi, a churo eilwaith. O glywed cyfarthiad sydyn, agorodd y drws ac edrych i mewn. 'Dr. Griffith, mae Gaenor isio mynd ar gefn 'i beic i'r plwy' nesa', mynwent Sant Bodfan, ychi—rhywbeth i neud efo'r Gymdeithas Hanes.'

'Plwy' nesa'?' Craffodd Dr. Griffith arni'n ansicr trwy ei sbectol. Roedd o ar ganol gwneud darlun manwl yn drefnus gywir, a doedd pethau eraill ddim wedi dod i ffocws eto.

'Ie, eglwys Sant Bodfan. Dydi hi ddim yn bell, ychi—ryw filltir, dyna'r cwbwl, ond i Gaenor gadw i'r lôn ucha', ac mi fydd yn ddigon diogel felly achos does 'na fawr o geir yn mynd ar 'i hyd hi. Ac mi gaiff Chris fynd efo hi i arwain y ffordd.' Cyn i Dr. Griffith gael cyfle i ofyn 'Chris?', aeth ymlaen yn frysiog: ''Y mab ydi Chris—mae o'n gweithio yn yr ardd.'

Fel dyn yn deffro'n raddol i'r presennol a'r byd bob dydd, edrychodd Dr. Griffith i gyfeiriad y ffenest. 'O, y bachgen sy'n trin yr ardd? Ych mab *chi* ydi o, Mrs. Y—y?'

'Owen. ''Sylvia'' fydd Mrs. Griffith yn 'y ngalw i. Pam na 'newch chi'r un fath? Mae o'n haws i'w gofio na ''Mrs. Owen''. ''Sylvia''.'

'O—y—diolch yn fawr.' O weld nad oedd Mrs. Owen yn symud, gofynnodd Dr. Griffith yn amhendant: 'Am be' oeddan ni'n sôn, deudwch? Be' ga'i wneud ichi, Mrs. Y—y?'

Gweddïodd Mrs. Owen yn frysiog am ras ataliad. 'Gaenor sy'n mynd am dro ar 'i beic—'

'O ie, i'r plwy' nesa' efo—y—Crispin. Wel, mae hi'n fore braf, on'd ydi? Pam lai? Ardderchog.' Estynnodd ei riwler a'i ysgrifbin a mynd yn ôl at ei gynllun.

51

Caeodd Mrs. Owen y drws yn dawel y tu cefn iddi. Dim rhyfedd fod Gaenor yn gyndyn i styrbio'i thad. Roedd ceisio cael sgwrs â fo pan oedd o yng nghanol ei waith fel brwydro â rhithiau'r niwl.

'Dwi'n barod, Mrs. Owen.' Roedd Gaenor wedi gosod ei hoffer mewn cwd ar ei chefn. Fel yr aeth Mrs. Owen i dynhau'r strapiau, rhybuddiodd Gaenor hi: 'Gwyliwch wasgu'r papur, neu fydd o'n dda i ddim at neud *rubbing*. Mae Miss Arthur wedi 'i roi o imi'n un swydd i dynnu lluniau'r cerrig beddau.'

'Mi a'i i nôl Chris.' Piciodd Mrs. Owen i'r ardd a dweud ei neges. 'Gwell i ti fynd efo hi i ddangos y ffordd.'

Edrychai Chris yn anniolchgar, yn debyg iawn am funud i rywun arall y gwyddai hi amdano. 'Dwi yma i drin yr ardd, nid i *baby-sitio!*'

'Gwylia di, was,' meddai'i fam, mewn tôn na ddefnyddiai yn aml iawn. 'Twt, rwyt ti wedi gorffen y lawnt ar wahân i'r ymylon. Fyddi di fawr o dro yn picio draw 'na ar hyd y ffordd dop, a does dim angen aros yn hir. Rhaid i Gaenor fod yn 'i hôl am 'i chinio hanner awr wedi deuddeg.'

9

Erbyn iddyn nhw fynd heibio i'r Stad Ddiwydiannol a dod i olwg y clwb golff, dechreuai Chris anghofio'i hwyl ddrwg. Roedd llawenydd a diolchgarwch Gaenor am ei gwmni wedi codi tipyn o gywilydd arno, ac er rhyddhad iddo, gwyddai hi'n iawn sut i drin beic, gan bedalu'n ddiffwdan ufudd y tu ôl iddo. Ac roedd hi'n braf gweld llethrau'r bryniau'n felyn yn yr heulwen trwy'r coed.

Fel yr âi'r lôn yn fwy serth, disgynnodd y ddau oddi ar eu beiciau a'u gwthio i fyny'r allt. Tyfai'r gwrych yn uchel o bobtu iddyn nhw, ac roedd hi'n boeth. Arafodd Chris dipyn ar ei ddringo er mwyn i Gaenor allu cadw i fyny â'i gamau hirion. Tynnodd Gaenor ddwy *Mars Bar* o'i chwd a rhoi un i'w chyfaill, a chyrhaeddodd y ddau ben yr allt gan gnoi'n fodlon. Roedd y ffordd yn newydd i Gaenor, ac roedd hi wrth ei bodd yn edrych o'i chwmpas ac yn cael ambell air o eglurhad gan Chris.

'Lle ydi fan'na, Chris? Mae o'n edrych yn hen ofnadwy.' Roedden nhw wedi dod i olwg tro yn y ffordd, a lôn gulach yn arwain ohoni ar y chwith i gyfeiriad y mynydd. Ar gongl y ddwy lôn safai dau fwthyn bach yn sownd yn ei gilydd. Roedden nhw wedi bod yn weigion ers tro, ac roedden nhw'n araf ymadfeilio. Doedd dim gwydr yn eu ffenestri, dim ond darnau rhydlyd o haearn, a gallech weld tyllau yn y to lle roedd y gwynt wedi chwythu'r llechi. Safai un o'r ddau ddrws ffrynt yn gilagored, heb ddim ond clo clwt a chadwyn i'w ddal yn ei le, ac roedd y rhimyn cul o ardd o'u blaen yn llawn drain a danadl poethion. Trist oedd gweld fel roedd y tywydd blin wedi datgelu sawl cen o galch ar y muriau carreg: clytiau blêr o wyn a phinc a melyn. Er mor druenus oedd cyflwr y tai, roedd rhywun wedi ceisio eu diogelu rhag tresmaswyr; wedi cau'r bwlch lle bu'r gât ffrynt â llen haearn, a gosod weiren bigog uwchben y wal o gerrig sychion a redai o gylch y ddau fwthyn.

'Fedr Mam ddim cofio neb yn byw yma,' meddai Chris.

'Ond i be' mae neb wedi trafferthu gosod yr holl weiren bigog a'r darna' haearn 'na?' myfyriodd Gaenor. Rhaid eu bod nhw'n ddau fwthyn siriol ers talwm, efo'u muriau pinc, lle rŵan doedd dim ond tywyllwch a rhwd coch a phigau drain.

'I rwystro hipis, wsti, rhag iddyn nhw fynd i mewn a sgwotio. Mae 'na ryw hanes yn perthyn i'r lle, ond dydw'i ddim yn cofio be'.'

Gosododd Gaenor ei beic i bwyso yn erbyn y wal, ac aeth rownd y gongl i gael golwg ar y talcen.

'Sbïa,' meddai, 'mae rhywun wedi tynnu cerrig o'r wal yn y gongl 'ma.' Gan fod y cerrig yn rhydd, ffordd rwydd oedd hyn o greu bwlch rhwng pen y wal a'r weiren bigog.

'Oes arnat ti eisio mynd i mewn?' gofynnodd Chris.

Petrusodd Gaenor. Doedd yna ddim i'w denu yn y murddun bach llwm diolwg, ac eto i gyd, cynigiai pob tŷ gwag antur, rhywbeth i'w ddarganfod.

Gwelodd Chris y llewyrch yn ei llygad. 'Awn ni â'r ddau feic rownd y gongl rhag ofn i rywun ddŵad heibio a'u gweld nhw. Aros di yn fan'ma. Mi ddringa' i'r wal draw 'na.' Pwyntiodd i fyny'r lôn fach lle rhedai'r wal draw ar hyd ochr y cae y tu cefn i'r ddau fwthyn. 'Mae hi'n uwch yn fan'na, ond mae'r weiren bigog yn dŵad at 'i hymyl hi ac mi fedra'i lamu

54

drosti hi. Wedyn mi ddo'i i lawr i fan'ma a'i chodi hi i chdi.'

Gwyliodd Gaenor yn bryderus, ond mewn hanner munud roedd Chris wedi gwibio i fyny'r lôn, dewis darn addawol o'r wal a'i dringo'n rhwydd, a sboncio dros y weiren bigog i'r cae. Yr eiliad nesaf roedd wrth y bwlch yng nghongl y wal, yn dal y weiren bigog yn uchel.

'Oldi, mae 'na ddigon o le iti ddringo trwodd. Oes 'na rywun yn y golwg?' Ysgydwodd Gaenor ei phen, a'i llygaid yn fawr a disglair gan gyffro. 'Reit sydyn rŵan. Un troed ar y garreg yna ac wedyn eista' ar ben y wal. Gafael yno'i. 'S dim ots am y weiren bigog; rwyt ti'n glir. Neidia i lawr!'

'Hw!' chwythodd Gaenor, wedi glanio'n ddiogel ymhlith y danadl poethion yng nghanol y rhimyn gardd ffrynt. Diolch ei bod hi'n gwisgo'i throwsus, neu byddai croen ei choesau'n swigod i gyd. 'Hwrê!' meddai. 'Rydan ni i mewn!' Roedd sydynrwydd y peth wedi cymryd ei gwynt, a doedd gwybod eu bod yn tresmasu ddim ond yn gwneud yr antur yn fwy mentrus a chyffrous.

'Sst!' sibrydodd Chris. Swatiodd y tu cefn i'r wal a'i thynnu hithau i lawr hefyd, wrth glywed car yn agosáu. Daliodd y ddau i wyro wedi iddo fynd heibio.

'Oes 'na ffordd i mewn trwy'r cefn?' gofynnodd Gaenor.

Ysgydwodd Chris ei ben. Gwelsai o'r cae fod cefn y ddau fwthyn yn fwy trefnus, ar wahân i fwlch neu ddau yn llechi'r to; doedd yno ddim ffenest heb wydr, na drws o gwbl. Ystyriodd y drws agosaf, yr un ar gadwyn, a'r ffenest wedi ei chau â darn o haearn. Arwyddodd i Gaenor aros yng nghysgod y wal, cyn sleifio ymlaen a gwthio'r drws. Ond daliai'r gadwyn o'n gadarn. 'Dim ond cath fedra' gael trwy fan'na,' meddai Chris. Yn arbrofol, pwniodd yr haearn rhychiog yn y ffenest. Symudodd y darn fymryn bach, a daeth un o'r corneli uchaf i'r fei. Cydiodd Chris ynddi â'i law chwith a phwyso ar yr haearn â'i law dde.

'Gwylia, Chris! Paid!' sibrydodd Gaenor, efo rhyw ragrybudd o'r hyn oedd am ddigwydd, ond dal i wthio a wnaeth Chris.

Clec! Collodd ymylon rhydlyd yr haearn eu gafael ar ffrâm y ffenest, methodd Chris ei ddal, a syrthiodd y darn i mewn i'r tŷ gydag ergyd swnllyd metel yn taro carreg. Bu bron i Chris ei ddilyn: cafodd ei hun yn hongian ar draws y sil.

'O sobrwydd!' meddai o dan ei wynt. 'O nefi blŵ!' fel y rhedai atseiniau'r twrw o gylch y bwthyn gwag.

'Ty'd o'ma, Chris!' sisialodd Gaenor, gan dybio y byddai pawb yn yr ardal wedi clywed y trwst. Fel y daeth y distawrwydd yn ôl, clywai ei chalon ei hun yn curo'n wyllt. Roedd Chris wedi rhoi ei ben trwy'r ffenest, pan agosaodd sŵn arall: car yn dringo'r allt. 'Sst!' meddai Gaenor mewn braw, a gwyro i lawr yn glos i'r wal. Pan edrychodd hi i fyny, roedd Chris wedi diflannu. Roedd y car gyferbyn â'r bwthyn; gallai'r gyrrwr weld y ffenest wag . . . Yn lle cyflymu ar ôl cyrraedd copa'r allt, trodd y car rownd y gongl i'r lôn ar y chwith. Y ddau feic! cofiodd Gaenor. Mae o wedi sylwi ar y ffenest, ac rŵan mi wêl ein bod ni'n dau yma!

56

Ond na: ar ddiwedd y tro, newidiodd y gêr ac aeth y car yn ei flaen i fyny lôn y mynydd. Dim hanes o Chris; lle roedd o? Rhaid ei fod o wedi neidio trwy'r ffenest yn yr eiliad pan glywodd o'r car yn dod, ond roedd ar Gaenor ofn mentro o'i chuddfan yng nghysgod y wal, na galw enw ei chyfaill.

Mewn dau funud ymddangosodd wyneb Chris yn ochr y ffenest, yn wên i gyd fel petai dim o'i le. Amneidiodd arni. 'Ty'd i mewn!' Ysgydwodd hithau'i phen. Roedd tresmasu wedi swnio'n hwyl i ddechrau, ond *torri i mewn* —peth arall oedd hynny!

'Ty'd o'na! Brysia! Rwyt ti'n ddigon saff!' sisialodd Chris. 'Does 'na neb o gwmpas!'

Roedd o'n iawn; doedd dim siw na miw ond awel ysgafn yn troi dail y coed yr ochr draw i'r ffordd. Roedd y ffenest yn isel . . . Rhyddhaodd Gaenor ei hun o grafangau'r drain o'i chwmpas, sbonciodd dros y bordor cul llawn chwyn a rhoi naid i fyny ar y sil. Gafaelodd Chris ynddi a'i thynnu i mewn i'r bwthyn. Glaniodd Gaenor ar y llawr cerrig â'i gwynt yn ei dwrn. Roedd hi wedi rhoi tipyn o gnoc i'w phen-glin ar y sil a phlygodd i'w rhwbio, ond tynnodd Chris hi i un ochr, lle na allai neb ei gweld o'r ffordd.

'Dwyt ti ddim wedi brifo?' sibrydodd.

'Naddo, ond—' Cododd ei llais mewn dych-ryn. 'Chris! Mae dy law di'n gwaedu!'

'Dim ond wedi crafu tipyn ar ymyl yr haearn. Waeth befo.' Yn ofalus iawn, rhag gwneud sŵn, cododd Chris y darn haearn oddi ar y llawr llychlyd a cheisio'i osod yn ôl yn agoriad y ffenest. 'Dal di o. Oldi, mae 'na rigol yn fan'ma i'w ddal o, ond mae'r pren wedi pydru. Mi wna'i

57

dipyn o nic ynddo fo—' Estynnodd gyllell boced a chafnu rhigol ddyfnach yng nghanol y ffrâm. 'Mi ddeil honna fo dros dro.'

Ochneidiodd Gaenor gan ryddhad, nid yn unig am na fedrai neb eu gweld o'r tu allan, ond am fod Chris wedi 'trwsio''r ffenest. Trodd o'r diwedd i gael golwg ar y stafell. Roedd digon o olau'n dihidlo trwy agoriad cul y drws i ddangos nad oedd yno, mewn difri', fawr o ddim i'w weld.

'Cegin a siambar,' meddai. 'O, Chris, dydi o'n fychan?' Roedd rhywun wedi rhannu'r stafell â phared ysgafn i wneud cegin fach yn y cefn. Yn y rhan flaen doedd dim ond lle tân ac ysgol yn codi i'r 'siambar', neu'r llofft. Roedd papur patrwm blodau ar y waliau wedi ei glytio â llwydni lleithder, ac roedd yr aer yn drwm gan arogleuon cymysg gwlybaniaeth, llwch a rhywbeth arall—mwg? huddygl? neu'r ddau efallai, meddyliodd Chris.

'Mae 'na ogla fel—fel—' myfyriodd Gaenor. 'Stydi Dad' oedd ar flaen ei thafod, ond wyddai hi ddim pam. Daeth iddi'n sydyn: 'Mae rhywun wedi bod yn smocio yma!'

'Ti'n iawn,' cytunodd Chris. 'Wedi cynnau tân yn y grât yn o ddiweddar hefyd. Tân coed.' Ffroenodd yr aer drachefn. 'Glywi di dipyn o ogla ffrïo bacwn?'

'Hipis?' awgrymodd Gaenor. Trwy'r hanner-tywyllwch gwelai Chris sglein ei llygaid ymholgar yn troi i fyny ato.

'Ty'd i'r gegin.'

Gan fod yno ffenest fechan yn uchel yn y wal gefn, roedd y gegin yn oleuach na'r stafell arall. Doedd yno ddim o ddiddordeb: sinc fach henffasiwn o garreg a silffoedd llychlyd uwchben iddi, a chwpwrdd odani hi, o'r lle y daeth sŵn sgrialu bach gwyllt.

'Llygod,' eglurodd Chris. Collodd Gaenor beth o'i lliw iach, a thynnu gwep. Hongiai clamp o bry copyn o dan silff hefyd, wedi fferru yn ei we wrth synhwyro bod pobl wedi torri i mewn i'w gynefin. Edrychai Chris i fyny at y ffenest fechan. Roedd wedi sylwi o'r tu allan fod cefn ac un talcen i'r bythynnod wedi eu hadeiladu i mewn i'r tir yng nghodiad yr allt tuag at lethrau'r bryn, hwyrach er mwyn cysgodi'r adeilad rhag gwynt y mynydd. Doedd dim ond ychydig fodfeddi rhwng y ffenest a lefel y cae, ond doedd dim ffordd o'i hagor. Roedd y lle'n anghynnes i Gaenor, a throdd yn ôl i'r 'parlwr', gan glywed llwch a baw llac ar y llawr cerrig yn crensian yn gas o dan ei thraed.

'Awn ni i weld y llofft,' awgrymodd Chris, a chychwyn yn dalog i fyny'r ysgol. Pan oedd tua hanner ffordd daeth sŵn malu pren, fel yr aeth ei droed yn glir trwy un gris. Daliodd ei afael yn dynn yn ochrau'r ysgol a llwyddo rywsut i'w achub ei hun rhag syrthio'n glwt. Codai llwch pren pydredig o'i gwmpas.

'O Chris, dyna chdi wedi 'i gneud hi eto!' gwichiodd Gaenor mewn arswyd. 'Ty'd o'ma, wir! Ty'd, cyn iti dynnu'r tŷ i lawr ar yn penna' ni!'

Roedd Chris wedi'i halio'i hun yn uwch i fyny'r ysgol, bron at yr agoriad yn y nenfwd isel. Doedd o ddim am wrando ar ffwdanu geneth, yn enwedig un o faint Gaenor. 'Glaw sy wedi disgyn trwy'r bwlch yn y llechi a phydru'r pren yn fan'na,' meddai'n gwta. 'Mae'r ysgol yn

59

ddigon solet ar wahân i'r un gris—sbïa!' Ysgydwodd yr ochrau a sathru ar y grisiau uwch i brofi ei ddadl. Crynodd yr hen ysgol a chwyno tipyn mewn protest, ond daliodd yn gadarn. Estynnodd Chris ei law i Gaenor.

Ciliodd honno. 'Wna'i ddim!'

'Dydi dy goesa' di ddim yn rhy fyr, wsti. Ty'd, inni gael gweld pob man.'

'Dos di.' Ond roedd y cyfeiriad at goesau byr wedi cosi balchder Gaenor. Wedi'r cwbl, roedd hyn i fod yn antur, on'd oedd? Dim mentr, dim antur. Ac er nad oedd hi'n hirfain 'r un fath â'i thad hyd yn hyn, meddyliodd, roedd hi gystal â llawer un yn y gwersi Ymarfer Corff. Caeodd ei cheg yn dynn ac anadlu'n drwm trwy'i thrwyn, wrth gydio yn yr ysgol a dringo'n ofalus at y bwlch. Gafaelodd yn llaw Chris ac ochr yr ysgol uwchben iddi, a rhoi naid dros y lle gwag, ac wedyn doedd dim ond dau gam nes i Chris lanio ar lawr y llofft a'i helpu hithau i fyny at ei ochr.

Roedd Gaenor yn chwythu, ond yn falch ei bod hi wedi mentro. Trwy'r darn budr o wydr yn osgo'r to gallai weld awyr las, ac roedd tipyn o heulwen yn goleuo'r siambr. Rhaid fod y papur rhosynnog ar y waliau'n ddel cyn iddo golli ei liw, a'r paent golau'n siriol cyn i lwch a gwe pry copyn ei bylu. Rhyfedd meddwl bod teulu wedi byw yma, wedi eu gwasgu i mewn i'r lle bach cyfyng. Teimlai Gaenor yn brudd wrth ddychmygu'r bywyd clos a thlodaidd. Roedd gan y lle ryw naws yn fan'ma, lle roedd yr aer yn lanach a doedd dim llygod yn rhedeg.

'Gwaith coed da yma,' meddai Chris mewn tôn broffesiynol, gan ystyried trawstiau'r to. 'Bechod iddyn nhw adael i'r tŷ fynd fel hyn.'

60

Nodiodd Gaenor; yn enwedig, meddyliodd, gan ei fod o mor hen, a hanes yn perthyn iddo. Pa hanes, tybed?

Roedd Chris yn procio o gwmpas y llofft. Curodd y pared rhwng y ddau fwthyn, gan ddeffro sŵn gwag a gwneud i Gaenor neidio'n nerfus. 'Pren', meddai Chris. Roedd cwpwrdd yn llenwi'r rhan fwyaf o'r wal honno. 'Paid, Chris,' meddai Gaenor wrth weld Chris yn cydio yn nobyn y drws; roedd arni ofn cyp-yrddau dieithr. Ond pan daflodd Chris o yn agored, doedd dim byd erchyll ynddo; dim ond bachau i ddal dillad, a silffoedd yn un pen.

'Wyddost ti,' meddai Chris, 'dwi'n credu mai un lle, un stafell fawr, oedd yr adeilad 'ma i ddechra'. Un tŷ wedi 'i rannu'n ddau ydi o, siŵr i chdi. A doedd 'ma ddim llofft, 'chwaith.'

Tawodd yn sydyn. Yn y distawrwydd clywai sŵn o'r ochr draw i'r pared. Clustfeiniodd y ddau, gan ddal eu gwynt. Dacw fo eto: sŵn traed yn symud yn araf ladradaidd dros y llawr coed, a rhywbeth yn cael ei lusgo a'i rygnu ar draws yr estyll.

10

Llifai amheuon trwy feddwl Gaenor, a thon o ofnau'n eu dilyn. Pwy oedd 'na? Perchennog y tŷ, wedi sylweddoli bod dieithriaid drws nesa'? Trempyn, yn llochesu yn y murddun a golau tân i ffrio ambell bryd iddo'i hun? Gallai un felly fod yn enbyd iawn; clywid sôn ar y newyddion am ambell droseddwr yn byw fel yna—'living *rough'!* Neu, yn waeth hyd yn oed na hynny, plismon, yn disgwyl i'w harestio am dresmasu a gwneud difrod i eiddo pobl eraill. Cododd holl euogrwydd Gaenor i'w cheryddu. O mam annwyl! meddai wrthi'i hun. Dyma'r tro cynta' erioed imi neud direidi gwirioneddol ddrwg— torri'r gyfraith. Rydan ni'n siŵr o gael yn dal; mi 'naeth Chris ddigon o dwrw i ddeffro'r meirw!

Aeth ias drosti a chodi'r blew ar ei gwar. Does gynnon ni ddim hawl i fod yma, meddyliodd; hwyrach yn bod ni wedi styrbio rhywbeth o hen hanes y bwthyn.

Gwelodd Chris y lliw'n cilio o'i gwedd, a'r munud hwnnw clywid unwaith eto'r sŵn sinistr o lusgo rhywbeth ar draws y llawr y tu hwnt i'r pared, ond yn dawelach nag o'r blaen. Cofiai Chris lonyddwch dall y tŷ nesa', efo'i ffenestri a'i ddrws wedi eu cau'n sownd, a'i gefn hefyd mor ddistaw â'r bedd. Clustfeiniai'r ddau heb symud gewyn. Dacw'r sŵn eto, ond yn bell a rhithiog, *Mor ddistaw â'r bedd;* gresyn iddo fo feddwl am y dywediad yna. Doedd Chris ddim yn credu mewn bwganod, ond rhedodd diferyn o ddŵr oer i lawr ei gefn.

Eto i gyd, ei le o oedd codi calon Gaenor. 'Mae 'na ryw ffordd i mewn na wyddon ni ddim amdani hi,' sibrydodd.

Atebodd Gaenor ddim am funud. Ffurfiodd ei gwefusau'r geiriau: 'O'r cae?'

'Neu o'r ochr yma—o'r naill fwthyn i'r llall.' Dechreuai Chris deimlo'n fwy hyderus.

Ysgydwodd Gaenor ei phen, a dal i wrando o hyd am sŵn arall o'r ochr draw i'r pared. 'Mi fasan ni wedi gweld drws. Does 'na'r un.'

62

Cododd Chris ei ben a chwilio'r wal drosti â'i lygad. Roedd y patrwm rhosynnau mân yn ddidor. 'I lawr grisia', ella,' meddai.

Roedd Gaenor yn falch o unrhyw esgus i adael y llofft. Roedd ei thu mewn yn crynu. Gwyliodd Chris yn mynd i lawr yr ysgol a dilynodd o'n ddiffwdan; roedd hi ar gymaint o frys i deimlo'i thraed ar lawr cerrig er mwyn dianc o'r lle.

'Cymer bwyll—a gwylia'r bwlch!' Gafaelodd Chris amdani a'i dal nes i'w throed ddod o hyd i'r gris. Cyrhaeddodd Gaenor y llawr heb anap, er bod yr hen bren yn griddfan yn enbyd. 'Lle rwyt ti'n mynd, Chris?' galwodd yn nerfus, o'i weld yn brysio i'r gegin gefn.

'Chwilio am ddrws o ryw fath.' Roedd Chris yn prowla ac yn pwyso'r pared rhwng y ddau fwthyn.

'Waeth befo rŵan. Ty'd o'ma, wir. Rydan ni'n hwyr yn barod.' Daeth Chris yn ei ôl at droed yr ysgol ac edrych i fyny i'r llofft fel petai syniad wedi ei daro, ond cydiodd Gaenor yn ei fraich. 'Chris!'

'Meddwl roeddwn i—O, ôl reit.' Aeth at y ffenest a chraffu heibio i ochr y darn haearn o'i blaen. 'Dim i'w weld. Popeth yn ddistaw.'

Edrychodd Gaenor yn ansicr o'r ffenest dywyll at y drws ffrynt ar ei gadwyn a'r golau'n treiglo heibio i'w ochr. 'Sut awn ni allan?'

'Fawr o ddewis—'r un ffordd ag y daethon ni i mewn.' Gafaelodd Chris yn y darn haearn, a fferru wrth glywed twrw yn y ffordd. 'Tractor!'

Llafuriodd y tractor i ben yr allt, a mynd heibio heb droi'r gongl. Rhyddhaodd Chris y darn haearn o'i rigol. 'Reit sydyn rŵan!'

63

hysiodd, ac mewn eiliad roedd Gaenor wedi dringo ar y sil a disgyn i ganol y chwyn ar yr ochr draw. Gwyrodd yn erbyn wal yr ardd, a sleifio at y gongl lle roedd y bwlch rhwng y cerrig a'r weiren bigog uwchben. Gwthiodd ei phen yn ddigon pell trwy'r twll i edrych allan i dri chyfeiriad.

'O.K.?' sibrydodd Chris trwy agoriad y ffenest.

Nodiodd Gaenor, a theimlo'n ysgafn trwyddi gan ryddhad a llawenydd nad oedd plismon yn disgwyl i'w harestio.

Sbonciodd Chris yn sionc wysg ei ochr dros y sil, a throi'n ôl i geisio llithro'r llen haearn ar hyd y rhigol yn ffrâm y ffenest. Bu'n tynnu a gwthio arni am funudau, yn ofalus iawn rhag ofn iddi wneud twrw. Doedd dim sŵn ond rhincian metel wrth grafu pren, ac weithiau'n glynu ynddo, gan wneud i Chris hysio rhwng ei ddannedd wrth anadlu. Dechreuodd Gaenor ddweud: 'Brysia, Chris!' a thewi; roedd o'n gwneud ei orau, y creadur. Trwy'r cwbl edrychai'r bwthyn pella' mor llonydd a difywyd ag erioed, heb arwydd o neb ar ei gyfyl.

O'r diwedd, llwyddodd Chris i osod y darn haearn yn ffrâm y ffenest a'i gael o i sefyll yn weddol gadarn. Allai yntau ddim peidio â chil-edrych dros ei ysgwydd ar ffenestri a drws cyfrinachol y bwthyn arall wrth iddo droi at Gaenor. Cymerodd y weiren bigog yn ofalus rhwng ei fys a'i fawd a'i chodi'n uwch er mwyn i'r eneth ei gwasgu ei hun oddi tano a thros gongl y wal.

'Mi ddalia' i o i chdi,' meddai Gaenor, gan edrych yn ofnus i fyny ac i lawr y ffordd.

64

'Gwylia frifo. Hwda, cymer hwn.' Roedd Chris wedi dod o hyd i frigyn a fforch ynddo. Dangosodd iddi sut i wthio hwn o dan y weiren rhag iddi rwygo'i llaw wrth iddi ei chodi. Gwyrodd ei ben ac ymnyddu'n sionc wysg ei ochr trwy'r bwlch. Glaniodd yn saff yn y ffordd, ond wrth iddo ymsythu clywodd rywbeth yn bachu yng nghefn ei grys. Roedd Gaenor yn ei chyffro wedi gollwng y weiren bigog hanner eiliad yn rhy fuan.

'Paid â symud—mi fedra'i dynnu o'n rhydd,' sibrydodd Gaenor. 'Dydi o ddim wedi rhwygo'r brethyn—wel, dim ond mymryn bach. Sori, Chris.'

'Hen grys ydi o. Dos yn dy flaen.' Gwthiodd hi'n ddiseremoni heibio i dalcen y bwthyn tua'r gilfach lle roedd o wedi gadael y ddau feic. Roedden nhw yno yn ddiogel yng nghysgod y gwrych. Heb oedi i newid gair, cydiodd Chris a Gaenor ynddyn nhw, a'r munud nesaf roedden nhw ar eu cefnau'n pedalu nerth eu coesau i gyfeiriad y plwyf nesa'.

Roedden nhw bron yng ngolwg eglwys Bodfan cyn iddyn nhw feddwl am arafu. Dechreuai Gaenor anadlu'n fwy rhydd a mwynhau'r heulwen a'r awyr iach. Pryd hynny edrychodd hi o ddifri' ar gefn Chris, wedi ei gamu dros ei feic, a'i goesau'n symud yn gyson i fyny ac i lawr, yn ôl a blaen. 'Chris!' galwodd.

'Be'?'

'Mae golwg ofnadwy ar dy ddillad di! Rhaid inni stopio!'

Tynnodd Chris wep wrth edrych i lawr ar ei grys a'i drowsus, lle roedd rhwd haearn, llwch,

65

gwe pry copyn, calch, lludw, pridd ac ychydig o waed i gyd wedi gadael eu hôl.

'Mi ddaw i ffwrdd,' meddai Gaenor. 'Mae gen i gadacha'.' Safodd Chris yn weddol amyneddgar a gadael iddi lanhau'r baw rhydd oddi arno. 'Chris, mae dy ddwylo di fel glo. Sycha nhw.'

'Dwyt titha' fawr well,' meddai Chris yn feirniadol. 'Mae dy benna' glinia' di'n ddu. Ac mae dy wallt di'n llawn o ddail!'

'Fyddan nhw ddim gwell ar ôl bod yn y fynwent,' meddai Gaenor. Roedd draenen wedi tynnu edau yn ei chot weu, ond heb ei thorri. Aeth car heibio iddyn nhw fel roedden nhw'n eu glanhau eu hunain, dim ond yr ail neu'r trydydd iddyn nhw ei weld ar eu ffordd o'r bwthyn. Doedd y lôn uchaf ddim yn brysur hyd yn oed yng nghanol haf.

'Chris,' meddai Gaenor wrth iddyn nhw wthio'r ddau feic i fyny'r allt at yr eglwys, 'roeddet ti'n deud bod 'na hanes yn perthyn i'r ddau fwthyn. Beth ydi o? Wyt ti'n cofio?'

'Dwi ddim yn gw'bod. Dim ond bod pobol yn deud 'u bod nhw'n hanesyddol iawn.'

'Chafodd 'na neb 'i—'i lofruddio yno neu rywbeth fel yna?'

Edrychodd Chris arni'n syn. 'O na, chafodd neb 'i ladd yno. Dim byd cas, wsti.' Syllodd y ddau ar ei gilydd, a'r un sŵn yn eu cof: sŵn rhywbeth yn cael ei lusgo a'i rygnu ar draws y llawr coed y tu draw i'r pared. Roedd Chris fel petai ar fin dweud rhywbeth, ond bu raid iddo droi'r beic i osgoi carreg yn ei lwybr. 'Mi fedr Mam ddeud y stori wrthat ti,' meddai ymhen munud neu ddau. 'Cofia, maen nhw'n deud bod 'na fwgan ar y darn yna o'r lôn.'

66

Aeth llygaid Gaenor yn fawr ac yn grwn. 'O ddifri'? Bwgan pwy?'

'Dwn i ar y ddaear. Dydw' i ddim yn credu mewn bwganod. Ond mi glyw'is i Nain yn deud bod 'na fwgan yn Lôn y Gwyll. Mi ddeudodd 'i bod hi'n cael teimlad rhyfedd wrth gerdded ar yr allt 'na, a bod yr hen bobol yn taeru bod 'na fwgan yno. Mam sy'n gw'bod; gofynna di iddi hi.'

11

Roedden nhw wedi cyrraedd gât y fynwent, a dyma bwyso'r beiciau yn erbyn y ffens a mynd i mewn. Roedd un edrychiad yn ddigon i ddangos nad oedd y rhan hon o'r fynwent mewn cystal trefn ag un Llanfair-is-y-Graig. Tyfai'r gwelltglas yn uchel ymhob man, ac roedd mieri a drain yn taflu impiau enbyd ar draws y llwybrau rhwng y beddau. 'Sgrwff ofnadwy yma,' meddai Chris.

'Ond mae'r cerrig yn edrych yn hen iawn,' meddai Gaenor. Cerrig gwastad oedden nhw, rhai wedi eu gorchuddio bron gan dyfiant gwyllt yr haf. Gwaith dyrys fyddai archwilio'r meini yn y fynwent hon. Estynnodd Gaenor ei thrywel a'i chwd a mynd at y garreg agosaf at y llwybr, un fechan gul a'r glaswellt yn tyfu fel cwrlid dros ei hymylon. Ond yn ei chanol gellid darllen y dyddiad 1729. Gwyrodd Gaenor wrth ben y llechen a gwthio'r trywel o dan dywarchen. Cododd hi fel darn o garped a datguddio rhan o gerflun. Edrychodd Chris, a theimlo ias yn mynd trwyddo.

Roedd darlun o asgell wedi ei dorri yn y garreg. 'Mae o'r un fath,' sibrydodd Gaenor. Teimlai hithau ryw barchedig ofn am iddi daro mor annisgwyl o sydyn ar angel arall. Yn fwy egnïol nag o'r blaen, gyrrodd y trywel o dan y glaswellt er mwyn dod o hyd i weddill y cerflun. Daeth ochr wyneb siâp gellygen i'r fei, heb wallt na chlust. Un trawiad arall o'r trywel o dan wreiddiau'r glaswellt, a byddai'n dadlennu rhyfeddod arall, gwên hynafol yn y garreg. Gwyddai Gaenor fod Chris yn ysu am gael gafael yn y trywel, a chan deimlo y dylai rannu'r darganfyddiad â fo, rhoddodd yr offeryn yn ei law. Cododd Chris dywarchen ag un ergyd o'r trywel, a dangos yr wyneb i gyd. Syllodd y ddau arno'n fud am eiliad.

'Diawcs,' meddai Chris o dan ei wynt. 'Sobrwydd.'

Doedd gan Gaenor ddim geiriau o hyd. Roedd yr wyneb hwn yn ddychrynllyd yn ei hyllni amrwd. Rhythai'i ddau lygad hirgrwn heb aeliau nac amrannau. Doedd ei drwyn yn ddim ond triongl. Nid gwenu roedd hwn, ond ysgyrnygu â dwy res o ddannedd mawr, niciau wedi eu cau i mewn â dwy linell syth. Doedd o ddim yn Geltaidd. Doedd o ddim ond erchylltra.

I Chris roedd o bron yn smala, fel masg neu ben meipen Calan Gaea'. Buasai wedi chwerthin am ei ben, oni bai fod Gaenor wedi troi'n llwyd fel y galchen wrth edrych arno. Doedd y peth ddim yn benglog yn union, ond doedd o ddim yn wyneb dynol 'chwaith. 'Voodoo,' awgrymodd Chris. Hawdd oedd cysylltu'r cerflun â defodau Satanaidd aflan yn y fynwent. 'Dydi hwn ddim yn angel. B-r-r-r!'

68

meddai, a thynnu gwep rhag i Gaenor feddwl bod arno ofn o ddifri'.

'Ond mae ganddo fo esgyll,' meddai Gaenor mewn llais bychan. 'Mae o'n debycach i ddiafol.' Roedd y cerflun yn edrych fel gwawdlun o angel Llanfair.

'Ella bod y saer maen yn trio gneud wyneb del, ond 'i fod o'n un gwael am dynnu llun,' meddai Chris. Ysgydwodd Gaenor ei phen yn fud. O weld ei bod hi wedi cael braw o ddifri', aeth Chris yn ei flaen at y cerrig gwastad eraill a orweddai ymhellach draw na'r gyntaf. Doedd y ddwy agosaf ddim yn dwyn cerflun, ac roedd un wedi ei gadael yn hollol blaen. Ond yn is i lawr darganfu lechen gul arall efo darlun amrwd o fasg tebyg i'r cyntaf, a dau asgwrn yn croesi ei gilydd. Doedd gan Chris ddim amheuaeth ynghylch yr arwydd hwn. 'Y *Jolly Roger*', murmurodd. Bedd Thomas Parry oedd hwn: recordiai'r garreg, yn weddol drefnus, ei fod wedi ei gladdu ym 1732, yn ddeugain oed. 'Ella 'i fod o'n fôr-leidr,' dyfalodd Chris. Rhaid bod y creadur yn ddrwgweithredwr, neu fuasai neb yn torri llun mor frawychus ar ei garreg fedd. 'Ie, dyna oedd o, siŵr i chdi. Doedd arnyn nhw ddim eisio deud ''Thomas Parry, *Pirate*'' mewn cimint o eiria'. Mae 'na sôn am fôr-ladron ar hyd y glanna' 'ma bryd hynny.'

Nodiodd Gaenor yn barchus. Roedd Chris yn glyfar, meddyliodd; roedd o'n gwybod pob math o bethau. Ond roedd yr wyneb a'r esgyrn yn hyll ac yn gas ac roedd hi'n casáu edrych arnyn nhw. Brwydrodd trwy'r mieri a'r glaswellt trwchus at y garreg nesaf, gan hanner-ofni rhywbeth erchyll eto. Roedd yna ddarlun arni,

69

ond roedd o wedi ei wisgo cymaint fel y bu raid i Gaenor ~~wyro i~~ lawr i'w weld yn iawn.

deviate

'Chris, Chris,' meddai'n dawel, 'ty'd yma.'

Aeth Chris i'r ochr arall o'r llechen gul. Byr iawn oedd yr arysgrif:

'Catherine Thomas
1733
aged 22 years'

'O Chris, dyna iti drist. Roedd hi'n ifanc.' Roedd y cerflun yn fychan, cylch rhyw dair modfedd o led, a chylch culach y tu mewn iddo. Yn ei ganol roedd arweddion wyneb bach del, dau lygad a thrwyn a cheg, y cyfan ddim mwy nag ewin ei bawd. 'Wyt ti'n meddwl ei fod o'n llun ohoni hi, Chris?—llun Catherine?' Craffodd Gaenor ar y darlun, a theimlo'n dyner â blaen ei bys y tu mewn i'r cylch lleiaf. 'Mae 'na batrwm yma—weli di o?'

'Gwela' siŵr,' meddai Chris. 'Mae o'n biga', fel goleuni'n saethu allan o gwmpas y pen. Ond does 'na ddim pen, ddim ond wyneb.'

'*Halo* ydi o. Mi wna'i *rubbing* ac ella cawn ni 'i weld o'n blaenach.' Estynnodd bapur a chŵyr du o'i chwd. Roedd dod o hyd i'r ddelwedd fach dlos wedi codi ei chalon yn rhyfeddol. Ysgubodd ddail ac aeron ywen oddi ar y llechen, a'i sychu'n lân â chadach.

'Dyro ddarn o bapur a thama'd o gŵyr crydd i mi, ac mi godaf inna'r llun '*voodoo*' efo esgyll,' meddai Chris.

Rhwbiodd y ddau'n ddygn am ychydig funudau. 'Mae o fel negatif,' meddai Chris. Gan fod ei lun o'n fwy o lawer nag un Gaenor, a'r llinell-au wedi eu torri'n ddyfnach, roedd wedi dal y tywydd yn well, ac roedd y *rubbing* yn ddarlun eglur a phendant. Doedd y darlun o garreg Catherine ddim mor glir, ond roedd y *rubbing* yn datguddio manylion na allai neb eu gweld yn hawdd â'i lygad noeth yn y garreg dreul- bare iedig, fel patrwm ysgafn yr halo, oedd yn debyg i betalau blodyn. Credai Gaenor ei bod hi'n gweld pen, ac nid arweddion wyneb yn unig, ond doedd Chris ddim yn siŵr.

Er i Gaenor weld bod Chris wedi gwneud although gwaith da ar y 'llun *voodoo*', roedd y darlun ei hun yn dal yn wrthun iddi. 'Dydi o ddim gan yr un cerflunydd â'n hangel ni, nac ydi?' gofynnodd.

'Dwn i ddim. Mae'r pen yr un siâp fwy neu lai. Does 'na ddim cimint o waith ar yr esgyll, ond maen nhw'n dda, wsti.' Roedd y saer wedi torri eu troadau syml yn grefftus lân. bend

'Dydi'r llythrennau ddim cystal.'

'Ew, nac 'dyn! Wedi trio stwffio gormod o eiriau i mewn i lechan fach gul.' Doedd hi ddim yn hawdd iawn darllen yr arysgrif:

> 'HERE LIETHYe
> BODYOF RIC
> ARDHUGH
> ESDIED M
> ARCHYe 3D
> 1729 AGED
> 42'

'A dydi o ddim wedi torri llythrennau ffansi fel yr R a'r H yn Llanfair,' sylwodd Gaenor.

'Ond cofia, mae hon wedi 'i gneud bum mlynedd o flaen y llall,' myfyriodd Chris. 'Lasa ddysgu llawer ar 'i drêd yn yr amser yna.'

71

''Lasa, debyg. Ond O, mae o'n angel hyll!'

'Dydw'i ddim yn meddwl mai angel ydi o i fod,' meddai Chris. 'Oldi pa mor debyg ydi 'i wyneb o i benglog y *Jolly Roger*!' Roedd o wedi codi llun hwnnw'n frysiog hefyd, ac roedd y ddau yn debyg iawn i'w gilydd.

'Ond Chris, mae ganddo fo *esgyll*. Rhaid 'i fod o'n angel!'

'Nid angel ydi o,' meddai llais cryf. 'Enaid ydi o!'

Neidiodd Chris a Gaenor. Doedd 'na neb yn y golwg, ac eto swniasai'r llais fel petai'n dod o rywle wrth law. Doedd dim i'w weld yno ond rhes o hen goed yw rhwng y beddau a wal y fynwent. Rhedai gwaed y ddau yn oer. Cofiodd Gaenor am y llais o'r berth yn siarad wrth Moses yn y Beibl.

Ond y munud nesaf, daeth gwraig i'r golwg o'r tu cefn i ywen fawr. Roedd Gaenor wedi cydio'n dynn ym mraich Chris ac ni ollyngodd hi ei gafael, achos er i'r ddynes edrych fel bod o gig a gwaed, roedd hi'n go od. I ddechrau, roedd ei dillad hi'n rhyfedd ar ganol dydd heulog o haf: het ffelt debyg i un dyn am ei phen, *poncho* llaes gwlanog â llawer staen arno'n hongian o'i hysgwyddau, trowsus o wlanen lwyd a sgidiau trymion. Doedd ei hwyneb ddim yn annymunol o gwbl. Yn groes i'w gwisg, roedd o'n sgleinio o lân, ac roedd ganddi groen llyfn wedi ei liwio'n frown gan yr haul, a gwrid yn ei bochau; roedd hi'n *eitha'* del, mewn gwirionedd, efo gwallt brown yn dechrau britho, a dau lygad mawr disglair. Ond roedd yna rywbeth yn hynod yn ei gwedd, hefyd, a barodd i Gaenor gilio cam a dal ei gafael ym mraich Chris. Y gwir oedd ei bod hi

72

ar bigau'r drain ar ôl digwyddiadau'r bore; roedd eu hantur yn y bwthyn gwag, y chwilota ymhlith y beddau a'r ddau benglog ar lechi'r fynwent wedi ei hysgwyd trwyddi.

Roedd y ddynes wedi camu atyn nhw'n heini, gan ddiystyru'r drain a'r danadl poethion. Edrychodd i lawr ar y garreg 'voodoo' ac ar y tri *rubbing*. 'Richard, Thomas, Catherine,' meddai '—rwy'n eu nabod nhw'n dda.' Fel y dywedodd Chris yn nes ymlaen, roedd edrychiad ei llygaid gwyrdd-frown wrth iddi ddweud hyn, fel petai'n siarad am gyfeillion hoff, yn 'ddigon i roi tro i ddyn'.

'Roeddech chi'n dweud bod hwn yn "angel hyll",' meddai wrth Gaenor, ac er gwaethaf ei hofn allai honno ddim peidio â sylwi bod y wraig yn ei hannerch hi'n foesgar, mewn llais ac acen goeth. 'Ond enaid dynol ydi o.'

Daeth Chris o hyd i'w dafod. 'Llun o Richard Hughes?' mentrodd, ond heb argyhoeddiad.

'Na. Nid ohono fo fel yr oedd o yn y cnawd; llun o'i enaid o a phob dyn arall. Roedd yr hen bobol yn ddoeth iawn, wyddoch chi. Mi wydden fod rhan ohonon ni'n perthyn i'r ddaear, ac mae honno'n marw ac yn mynd yn ôl i'r llwch. Ond mae rhan arall yn perthyn i'r nefoedd, ac yn dragwyddol. Ydach chi'n dallt hynna?'

Nid atebodd Chris a Gaenor. O'r diwedd, gan fod llygaid disglair y wraig yn symud yn eiddgar o'r naill i'r llall, ysgydwodd Gaenor ei phen. Edrychai'r ddynes yn siomedig. 'Wel,' meddai wrth Gaenor yn eitha' tyner, 'rydach chi'n ddiniwed.'

Diniwed! meddyliodd Gaenor. Ŵyr hi ddim amdana'i. Petasai plismon wedi'n gweld ni'n

73

torri i mewn i'r bwthyn gynna', mi fasen ni yn y ddalfa. Rydan ni'n *fandaliaid*. Daeth y gair ofnadwy i'w phen hi fel datguddiad o faint ei heuogrwydd.

'Darlun o'r Atgyfodiad ydi hwn,' meddai'r wraig yn amyneddgar. 'Does dim angen ichi fod ofn ohono. Dweud y mae o bod y pechadur yn marw a'i gorff yn mynd i'r bedd, a dyna ydi ystyr y pen. Ond mae'r esgyll yn arwydd o'r ysbryd fydd yn atgyfodi'n ogoneddus i'r nefoedd. Wedi ichi ddallt yr ystyr, dydi'r llun ddim yn hyll.'

Roedd Chris wedi deall digon ar y sgwrs i deimlo'n ansicr ynghylch tynged yr hen fôr-leidr. 'Thomas Parry?' meddai. Ond doedd o ddim yn teimlo'n gartrefol efo'r ddynes, a fedrai o ddweud dim mwy.

'Does ganddo fo ddim esgyll,' eglurodd Gaenor. 'Am 'i fod o'n ddyn mor ddrwg?' Crynodd ei llais, achos ofnadwy oedd meddwl am neb yn marw pan oedd o'n iau na'i thad ei hun, heb obaith atgyfodiad.

'O na,' meddai'r ddynes mewn tôn o syndod. 'Doedd Thomas Parry ddim gwaeth na neb arall. Llun o Angau ydi hwnna. Roedd pobol erstalwm yn credu y dylai pawb gofio eu bod nhw'n bechaduriaid, ac yn mynd i farw, rhag iddyn nhw feddwl gormod o'r byd hwn yn lle darparu am y byd a ddaw. Yn y dyddiau hynny pan oedd cyn lleied o bobol yn medru darllen, y meini 'ma oedd llyfr y werin, yn llawn o bictiwrs â gwers i bob un.'

Druan o Thomas Parry, meddyliodd Gaenor, yn gorfod pregethu gwers mor hyll a digalon am ganrifoedd.

'Mi welsoch lun Catherine?' gofynnodd y ddynes yn eiddgar. Swniai braidd fel athrawes dosbarth yn dangos y gwaith gorau. 'Mae hwnnw'n dlws. Doedd gan y saer maen ddim calon i roi arwydd prudd ar ei bedd hi.' Roedd ei hwyneb wedi gloywi, a'i llais yn dyner.

'Ydi hwnna'n llun ohoni hi o ddifri'?' gofynnodd Gaenor.

'Llun o'i henaid,' meddai'r wraig, 'yn nofio mewn goleuni.'

Gwyddai Gaenor o ddistawrwydd a llonydd-wch Chris ei fod o'n anesmwyth iawn. 'Diolch yn fawr am egluro inni,' meddai'n frysiog. 'Rhaid inni fynd adre' i gael cinio rŵan.'

Daeth y wraig yn ôl fel petai o ryw fyd arall, a rhoi ei sylw i gyd i Gaenor. 'Beth ydi'ch enw chi?' gofynnodd.

Dywedodd Gaenor ei henw, ond yn amlwg doedd o'n golygu dim i'r ddynes. 'Rydych chi'n fengach,' meddai'n ddwys, 'ond mae 'na debygrwydd.' Edrychai'n sydyn fel rhywun ar goll mewn lle diarth, a'r bywyd yn ei gwedd wedi'i ddiffodd. Atebodd hi ddim pan wthiodd Gaenor ei hoffer a'r lluniau i'w chwd a dweud 'Bore da' yn boléit.

Cythrodd Chris o'i blaen hi trwy gât y fynwent. Gollyngodd ei wynt mewn ochenaid o ryddhad, a tharo'i dalcen yn arwyddocaol â'i fys. 'Ty'd wir,' meddai, 'ffwl sbîd!' a neidio ar ei feic. Ond bu raid iddyn nhw arafu wrth gyrraedd y briffordd, a mynd yn ara' deg yn glos i wal isa'r fynwent. Cafodd Gaenor gipolwg ar y wraig yn sefyll yn ei hunfan, wedi eu hanghofio'n llwyr.

75

12

'Yr hen Fiss Samuel welsoch chi,' meddai Mrs. Owen. 'Mae hi'n crwydro'r ffordd 'na yn yr ha', ac yn mynd o'r naill eglwys a mynwent i'r llall.'

'Dydi di ddim yn edrych yn hen iawn 'chwaith.'

'Dydw'i ddim yn deud 'i bod hi, gre'duras. Ond mae hi dipyn yn rhyfedd yn 'i phen.'

'Roedd hi'n iawn pan oedd hi'n sôn am y cerrig beddau. Roedd hi'n swnio fel petai hi'n gwbod 'i phetha'. Ond ar ôl hynny mi ddeudodd fy mod i'n debyg i rywun . . . doeddwn i ddim yn dallt.'

'Paid â phoeni amdani. Ac os gweli di hi eto, ella byddai'n well iti gadw draw.'

'Ydi hi'n *beryg*?' gofynnodd Gaenor yn syn.

'O nac ydi. Ond mae rhywun sy'n drysu yn 'i phen yn codi ofn ar bobol heb feddwl drwg. 'Chwaneg o deisen?'

Roedd y gegin yn siriol braf, ac roedd Gaenor yn mwynhau ei phryd bwyd ar ôl bod cyhyd yn yr awyr agored. Roedd ofnau'r bore'n cilio, neu roedden nhw wedi pellhau digon i wneud ei chynefin diogel yn fwy dengar. Miss Samuel druan, yn trampio'r wlad . . .

'Does gan Miss Samuel ddim cartre'?'

'Dwn i ddim, gre'dures. Allan yn crwydro mae hi'n licio bod. Mi glywais i 'i bod hi'n iawn ar un adeg, ond mi ddigwyddodd rhywbeth i droi'i phen hi. Paid ti â phoeni yn 'i chylch hi. Synnwn i ddim nad ydi hi'n ddigon hapus yn 'i ffordd 'i hun, beth bach.'

'Mrs. Owen, mi ddeudodd Chris ych bod chi'n gwbod am fwgan ar lôn Gwyll—ar yr allt, ychi, wedi ichi fynd heibio i'r maes golff.'

'Wrth ymyl Hen Gapal?'

Syllodd Gaenor arni. 'Wel'is i ddim capel.'

'Dydi o ddim yn gapel bellach. Ar y gongol lle mae'r lôn yn troi i fyny am y bryn, mae 'na ddau fwthyn gwag yn sownd yn 'i gilydd.'

'Mi'u gwel'is i nhw.' Teimlodd Gaenor wrid *blush* euogrwydd yn codi i'w bochau. Wrth gwrs, doedd hi ddim wedi dweud wrth Mrs. Owen ei bod hi a Chris wedi mynd i mewn i'r tŷ gwag.

'Wel, dyna Hen Gapal. Oedd, roedd y ddau dŷ'n gapel ar un adeg; dwi'n credu 'i fod o'r capel hyna' yn y lle. Ond mi ddaru nhw godi capeli mwy a'i adael o'n wag. Ac wedyn dyma nhw'n 'i rannu o'n ddau dŷ i weision ffarm. Ond mae'r ddau wedi bod yn wag ers llawer o flynyddoedd.'

Ni allai Gaenor ddweud dim am funud, roedd hi mor syfrdan. Roedd Chris yn iawn, felly, *amaze* wrth awgrymu mai un stafell go fawr oedd y *suggest* ddau fwthyn i ddechrau. 'Ond dydyn nhw ddim yn debyg i gapel!' meddai o'r diwedd.

'Mewn tai cyffredin a beudai a llefydd felly fydden nhw'n cwarfod pan ddechreuodd pobol ada'l yr eglwys. Roedden nhw'n rhy dlawd i godi capel crand.'

'Oes 'na ysbryd yno, Mrs. Owen?' Roedd o ar flaen ei thafod i ddweud yr hanes i gyd wrth Mrs. Owen; roedd o'n pwyso cymaint ar ei chydwybod. Ond byddai Chris yn siŵr o gael *conscience* tafod gan ei fam petai hi'n gwybod.

'Chlywais i 'rioed fod 'na ysbryd yn Hen

Gapal. Na, allan yn y ffordd mae'r bwgan, meddan nhw.'

'Welsoch chi mo'no fo?'

'Naddo, bobol annwyl, a dwn i ddim ydw'i'n credu mewn peth felly. Ond mi glyw'is i Mam yn deud rhyw hanes . . . Rhyw wraig oedd wedi colli plentyn, dwi'n credu . . . Paid â meddwl amdano fo, Gaenor bach. Dychmygu mae pobol. Mae hi'n drymaidd ar yr hen allt 'na wedi iddi d'wllu.'

Dangosodd Gaenor y *rubbings.* 'R argian, mae'r rhain yn ddigon i godi ias ar rywun,' meddai Mrs. Owen. 'Pleser rhyfedd wyt ti'n gael, choelia'i byth! Ond mae Chris wedi gneud gwaith reit dwt ar hwnna. Mae o'n un da efo petha' fel'na.' Roedd hi'n falch bod Chris wedi dod dros ei hwyl ddrwg ac wedi helpu Gaenor wedi'r cwbl.

'Mi a'i i nôl hambwrdd Dad.'

'Mae golwg rhy flêr arnat ti, Gaenor bach. 'Neith o ddim nabod 'i blentyn 'i hun.' Bu Gaenor mor hwyr yn cyrraedd adre fel nad oedd hi wedi gwneud dim ond golchi ei dwylo cyn eistedd wrth y bwrdd cinio. Cythrodd o'r gegin er hynny cyn i Mrs. Owen orffen siarad. Doedd ei thad ddim yn un i sylwi ar olwg neb, a doedd aflerwch yn golygu dim iddo. Ond o glywed y teipiadur yn clecian yn ffyrnig a gweld yr hambwrdd a llestri gweigion arno wedi ei adael y tu allan i ddrws y stydi, wnaeth Gaenor ddim ond ei godi'n ddistaw bach heb guro ar y drws.

Wrth i Chris ddringo'r ffordd at Danrallt drannoeth, saethodd car Dr. Griffith heibio iddo. Yn lle troi i fyny at garej y tŷ, parciodd tad

Gaenor y car yn y ffordd yn weddol agos i'r gât ffrynt. Er syndod braidd i Chris, oedd erbyn hyn ryw ganllath y tu ôl iddo, agorodd Dr. Griffith y bŵt a thynnu clamp o focs ohono a'i lond o nwyddau groser. Doedd Chris ddim wedi disgwyl iddo wneud cymaint â hynny i helpu'r wraig. Â'i ddwy fraich am y bocs, aeth yn ei flaen at y gât, a rhoi'r nwyddau i lawr ar y palmant er mwyn ei hagor. Yna crwydrodd ei law dde i'w boced, ac ymhen eiliad roedd o'n tanio'i bibell yn hamddenol. Wedi ei chael i ddynnu'n iawn, safodd i fwynhau'r mwg, gan bwyso ar y llidiart a syllu'n fyfyriol ar y tŷ. Toc, agorodd y gât, ei gadael i gau ohoni'i hun ar ei ôl a brasgamu i fyny'r llwybr at ei ddrws ffrynt. Roedd wedi cyrraedd y ports pan ddaliodd Chris o.

'Dr. Griffith! Ych groseris chi.' Gosododd y bocs ar y feranda. Craffodd Dr. Griffith arno trwy'i sbectol, a gwenu'n hyfryd.

'O, diolch yn fawr iti, 'ngwas i! Wyddwn i ddim fod y siop yn anfon nwyddau.' Gwthiodd y drws yn agored a derbyn y bocs o freichiau Chris, heb arwydd ei fod yn cofio'i weld o na'r bocs erioed o'r blaen.

Aeth Chris heibio i'r talcen ac i'r cwt i nôl ei offer garddio. Hanner-disgwyliai weld Gaenor yn ymddangos o rywle, ond doedd dim hanes ohoni.

'O, mae hi wedi mynd i chwarae efo Rachel pnawn 'ma,' meddai'i fam yn nes ymlaen, gan edrych o gwmpas y gegin i wneud yn siŵr bod popeth yn ei le ar ddiwedd ei diwrnod gwaith. 'Dwi'n falch 'i bod hi'n dechra' gneud ffrindia' yma.'

79

Sibrydodd Chris hanes y bocs, a chwarddodd ei fam. 'O, mae o'n gymeriad. Mae o'n ddigon trefnus efo'i bethau'i hun, cofia. Ond efo *pobol*, mae o'n anobeithiol, y creadur. Yr hen Gaenor bach—dydi o'n cofio dim amdani hitha' 'chwaith. Ond mae o'n ŵr bonheddig yn 'i ffordd 'i hun. Os wyt ti wedi gorffen torri'r lawnt, cael gwared o'r hen chwyn 'na wrth wraidd y gwrych ydi'r peth nesa'.

Aeth Chris ati i ddad-ddirwyn rhaffau o dagwydd ac eiddew oedd yn dringo'n ddirgelaidd trwy'r coed. Yn fuan iawn roedd ganddo bentwr o chwyn, wedi eu dadwreiddio'n drefnus yn barod i'r domen gompost. Ond roedd ei feddwl yn ei ardd gefn ei hun. Hwyrach y dylai gloddio yno ar ôl swper, pan fyddai'i dad yn y dafarn a'i fam yn gwylio un o'i hoff raglenni teledu. Wedi'r cwbl, roedd y pen wedi ei gladdu yno ers rhai dyddiau. Bu cawod drom echnos, a byddai'r dŵr yn cronni yn y gongl yna o'r ardd ar ôl glaw. Os na fyddai'r pridd wedi gadael digon o olion arno, byddai'n rhaid iddo 'i ailgladdu dros dro. Roedd 'na bythefnos eto tan yr arddangosfa.

Bu'n chwilota'n hir am wrthrych teilwng o'i ddangos yno fel 'darganfyddiad'. Roedd gan ei nain gasgliad o botiau pridd a photeli gwydr, wedi eu gosod yn drefnus ar silffoedd ar ôl iddi ddod o hyd iddyn nhw yn yr ardd gefn wrth droi'r pridd. Rhaid bod rhyw gyn-berchennog ar ei bwthyn, ugeiniau o flynyddoedd yn ôl, wedi diodde' gan sawl afiechyd, a gwario ffortiwn ar wahanol fathau o ffisig. Bob tro y byddai Nain yn palu, dôi potel i'r golwg; roedd ganddi

80

ugeiniau ohonyn nhw, wedi eu golchi'n lân a'u caboli, a fuasai hi ddim wedi gwarafun rhoi un i Chris. Ond y drwg oedd eu bod nhw'n dwyn rhyw enw fel 'Chicago Drug Company' neu 'Oel Morris Ifans' neu 'Soothapain Liniment' nad oedd yn swnio'n hynafol iawn, a doedden nhw ddim yn debyg i'r crochenwaith amrwd a'r darnau gwydr tew gwyrdd ar fwrdd Dr. Griffith. Na, carreg oedd y peth i'r arddangosfa. Roedd honno'n dal am byth bron heb ddangos ei hoed yn amlwg; wyddai neb yn iawn, na wyddai, beth oedd oed y pen hwnnw ar y wal yn Sir Fôn?

Roedd Chris wedi chwilio ar lethrau'r bryn gyda'r nos am rywbeth tebyg i ben, neu hyd yn oed i fwyell. Wedi'r cyfan, roedd 'na grugiau claddu ac olion yr hen bobol ymhob man ar y gelltydd 'na. Ond nid oedd wedi gweld dim ond cerrig cyffredin, a'r rheini cyn galeted â haearn, fel nad oedd cŷn ei daid yn gwneud dim o'i ôl arnyn nhw. Ar lan y môr ym Môn ar bnawn Sadwrn y daeth o hyd i'r pen. Gorweddai yn y tywod wrth droed y creigiau. Roedd Chris wedi syllu arno'n hir, a'i droi a'i drosi yn ei ddwylo tra oedd ei fêts yn dal i drochi. 'Mae hwn yn ddigon da,' meddai wrtho'i hun. Ac wrth iddo edrych ar y peth o bob ongl, a theimlo'r corun gwastad a'r ên a bôn y trwyn, roedd yr argyhoeddiad wedi tyfu ynddo. Dyma'r union beth!

Achos y gwir oedd nad oedden nhw wedi darganfod fawr ddim yn Llanfair-is-y-Graig hyd yn hyn: dim ond 'chydig o hen gerrig beddau, oedd yno i bawb eu gweld nhw. A doedd Chris ddim yn credu y deuai fawr o'r rheini, er bod Gaenor yn disgwyl rhyw ddatguddiad mawr gan y bobl ddysgedig yn Sain Ffagan. Roedd hi wedi rhoi'i bryd ar 'ddarganfyddiad', ac mi fyddai'n bechod iddi gael ei siomi. Ffurf o yswiriant yn erbyn hynny oedd y pen. Roedd 'na bennau hynafol yn troi i fyny o rywle o hyd yn Ynys Môn; pam lai yn Llanfair-is-y-Graig?

Roedd 'na le prysurach nag arfer yng nghartre' Rachel, gan fod y teulu'n 'madael tŷ yn fuan. Ond doedden nhw ddim yn symud i ardal arall fel roedd teulu Gaenor wedi gwneud yn ddi-weddar, dim ond o'r stad newydd yn agos i ganol y pentre i fyny'r allt i dŷ'n sefyll ar ei ben ei hun ar lethr y bryn, Erw Hen.

'Mae Sarah a fi am gael ceffyl,' eglurodd Rachel, 'ac mae 'na ddigon o le iddo fo tu cefn i'r tŷ yn Erw Hen. Mi gawn ni fynd â fo dros lwybrau'r mynydd. Mi fydd 'na fwy o ryddid i Dei hefyd, yn lle 'i fod o'n gorfod mynd am dro ar gortyn. O, mae 'na le braf yno, on'd oes, Sarah? Rwyt ti'n medru gweld y wlad i gyd am filltiroedd. Ac mi gaiff Dad drin yr ardd a thyfu llysiau; does gynno fo ddim digon o le yn fan'ma.'

'Mae Erw Hen yn swnio'n hyfryd,' meddai Gaenor. Ond credai fod cartre' presennol Rachel yn lle difyr hefyd. Ar wahân i holl deganau'r ddwy chwaer, roedd ganddyn nhw gwningen wen o'r enw Eirlys mewn cwt braf yn yr ardd, byji'n dweud ei enw ei hun, Sami, ac yn canu 'Calon Lân', a dwy gath fach, Sali a Mali. Mae'n debyg bod angen tipyn mwy o le i gymaint o deulu. Dotiai Gaenor arnyn nhw i gyd. Credai fod Bethan (roedd hithau wedi cael gwadd) yn edrych yn hiraethus braidd hefyd.

Ac er bod Sarah a Rachel yn pryfocio tipyn ar ei gilydd roedden nhw'n ffrindiau pennaf. Gyd rhyngddynt roedden nhw wedi gofalu am yr holl ddanteithion amser te, y cacennau a'r pasteiod a phob dim.

'Mae o'n dŷ hynafol,' meddai'u mam, Mrs. Daniel. 'Mae Mr. Arfon Ellis—llywydd y Gymdeithas Hanes, mi wyddoch amdano fo—yn deud bod y tyddyn yn mynd yn ôl i'r bymthegfed ganrif!'

'Mae 'na fwgan yno,' meddai Rachel mewn llais dwfn. 'B-r-r!'

Edrychodd Sarah, Bethan a Gaenor ar ei gilydd, a chwerthin.

'Paid â deud dy straeon, Rachel!' meddai'i mam. 'Ond *mae'r* safle'n hen iawn, ac mi gafodd y tŷ presennol ei godi yn y ddeunawfed ganrif. Mae Mr. Ellis wedi gweld y gweithredoedd —y *deeds*, ychi, yn perthyn i'r tŷ—ac mi fedr adrodd hanes y teulu i gyd, y naill genhedlaeth ar ôl y llall. Chlywais i 'rioed fod 'na fwgan yno—'

'W-w-w-w,' meddai Rachel mewn llais crynedig, nes gwneud i Gaenor dagu bron dros ei the.

'—ond *mae* 'na dyddynnod hynafol i fyny'r bryn 'na, a rhai chwedlau'n perthyn i'r tir. Wrth gwrs roedd 'na lawer o waith i'w wneud ar y tŷ. Roedd 'na ryw foderneiddio di-chwaeth wedi mynd ymlaen dros y blynyddoedd—cuddio'r hen ddistiau a'u peintio nhw a phetha' felly . . .' Gwyddai Gaenor yn iawn ei bod hi a Bethan yn cael hyn i gyd am ei bod hi'n ferch i Dr. Seiriol Griffith. 'Rydan ni eisio atgyweirio'r lle a'i wneud o'n debyg i'r hyn oedd o—'

83

'—Yng nghyfnod Madam Wen!' meddai Rachel. 'Mi faswn i'n bennaeth ar ladron penffordd Braich-y-Ddinas!'

'Cyfnod Madam Wen!' wfftiodd Sarah. 'Faset ti ddim yn medru byw am ddiwrnod heb *mod. cons.*!'

'Baswn! Be' am yr adeg yn Ffrainc pan—'

'Taw, Rachel,' meddai 'i mam. 'Mae Mr. Ellis wedi bod yn ffeind iawn, yn rhoi cyngor i Cledwyn Williams, yr adeiladydd—'

Cledwyn Williams—Yncl Cled! 'Fo ydi ewyrth Chris!' meddai Gaenor. 'Chris Owen, sy'n gweithio yn yr ardd acw—mab Mrs. Sylvia Owen.'

'Ie siŵr,' meddai mam Rachel yn fwy cartrefol. 'Mae Cledwyn yn frawd i fam Chris. Dyn da at 'i waith, ond iddo gael cyfarwyddyd iawn.'

Yn sydyn roedd Gaenor yn hapus dros ben. Roedd hi'n dechrau nabod pobl Llanfair-is-y-Graig, a deall sut roedden nhw'n perthyn i'w gilydd. Doedd hi ddim wedi cyfarfod ag Yncl Cled, ac eto roedd o'n llawer mwy nag enw iddi'n barod. 'Dwi'n licio Llanfair-is-y-Graig,' meddyliodd.

'Mae Mam am fod gartre' ar 'i gwylia' wythnos nesa',' meddai. 'Plîs ddowch chi'ch tair acw ryw bnawn wythnos nesa'?'

Edrychai'r genethod yn ddigon parod, ond fe ddywedodd Mrs. Daniel y dylai ofyn i'w mam gynta'.

'Mae 'na straeon am drysor cudd i fyny'r allt yn agos i Erw Hen,' meddai Rachel. 'Bocs a'i lond o aur yn y cae dros y ffordd—'

'Ond mae pobol er'ill wedi dod o hyd i

84

hwnnw'n barod,' meddai Sarah. 'Fydd 'na ddim ar ôl i ni!'

'Sut y gwyddost ti? Ella daw Cledwyn Williams o hyd i gelc o sofrod aur—'

'Wedi 'u dwyn gan y lladron pen-ffordd?' gofynnodd Sarah'n gellweirus.

'Ie! Roedd pennaeth y lladron yn ffoi, wedi'i glwyfo'n enbyd, ac mi gymrodd merch Erw Hen drugaredd arno fo—'

Ond er i Gaenor wrando'n astud rhwng cyffro a chwerthin i un arall o straeon Rachel, roedd ei hunanhyder hi wedi gwywo, nes iddi edifaru bron ei bod hi wedi gwahodd y genethod eraill i'w chartre'. Roedd Tanrallt yn dŷ da, ym marn oedolion: tŷ braf wedi ei adeiladu'n gadarn yn gynnar yn yr ugeinfed ganrif, heb hen ddistiau, na hanes, na bwgan, ac yn waeth byth heb gi na cheffyl, na chwningen wen, na chathod bach angylaidd yn chwarae ar hyd y fan. Ond roedd hi'n rhy ddiweddar rŵan. Doedd 'na ddim amdani ond darparu te iawn i'w ffrindiau newydd, a pherswadio'i mam a Mrs. Owen i adael iddi hi gyfrannu rhywbeth at y wledd.

Wythnos nesa'—gwyddai fod ganddi reswm arall dros deimlo rhyw gyffro, rhyw gwlwm yn ei bol wrth feddwl am wythnos nesa'. Ie, wrth gwrs: yn y dyddiau nesa' 'ma, byddai'n sicr o gael ateb i'w llythyr o Sain Ffagan.

13

Er mawr lawenydd i Gaenor, roedd ei mam yn eitha' bodlon iddi gael Bethan a'r ddwy chwaer i de. 'Ond gan fod Dadi mor brysur, os deil y tywydd yn braf mi awn ni allan am bicnic i Sir Fôn. Sut fasa hynna?'

'Picnic ar y traeth? O, hwrê!' Byddai hynna'n datrys y problemau i gyd. Ac roedd ei mam mor gyfarwydd â'r ynys, roedd hi'n siŵr o fynd â nhw i ryw gorneli difyr diarffordd na fyddai'r genethod eraill yn gwybod dim amdanynt.

Pan gurodd y postmon ddydd Mawrth, rhuthrodd Gaenor i nôl y llythyrau. Ond doedd 'na'r un iddi hi ond cerdyn oddi wrth un o'i ffrindiau agosaf yn ei hen ysgol. Ddydd Mercher clywodd glep y blwch llythyrau a chythru o'r gegin mewn pryd i weld cawod o lythyrau'n disgyn trwy'r drws. Peidiodd ei chalon â churo am eiliad pan welodd hi yn eu plith amlen hir wen yn dwyn cyfeiriad Amgueddfa Werin Cymru yn ei chornel chwith, a'i henw hi wedi ei deipio'n hardd: Gaenor Seiriol Griffith, Tanrallt, Llanfair-is-y-Graig, Gwynedd. Cododd y llythyrau'n un swp a'u taro'n frysiog ar y bwrdd bach yn y cyntedd. Dyma'i chyfle hi i gymryd y llythyr hollbwysig heb i neb ei gweld, a'i guddio ym mhoced fawr ei barclod.

Ond cyn iddi allu gafael ynddo, daeth sŵn traed ei thad y tu ôl iddi, ac roedd y bwndel llythyrau yn ei ddwylo. Yn gwbl ddidaro, heb sylwi dim ar bryder Gaenor, aeth trwodd i'r gegin ac eistedd wrth y bwrdd brecwast.

'Un i ti, Glenys.' Taflodd lythyr i gyfeiriad ei wraig. 'Y banc—Undeb.' Gosododd y rhain ar ei law chwith, fel y mwyaf dibwys o'i ohebwyr. 'Coleg y Brifysgol, Aberystwyth,' meddai'n fwy parchus. 'Yr Amgueddfa Genedlaethol. Prifysgol Bryste—o'r diwedd.'

Fel y tyfai'r pentwr llythyrau ar y dde iddo, disgwyliai Gaenor yn fyr ei gwynt i'w thad ddod o hyd i'w llythyr hi. Byddai'n sylwi ar gyfeiriad Sain Ffagan; byddai'n ei holi—a dyna ddiwedd *ask* ar y 'syrpreis'! Roedd ei mam yn sipian sudd oren yn braf gan ddarllen ei llythyr, ond roedd ceg Gaenor yn sych gan gyffro a doedd hi ddim yn teimlo y gallai lyncu dafn.

'Gorsedd y Beirdd. Uganda—pwy ar y ddaear . . .? O ie, Ifan Rees ers talwm. Sain Ffagan.' Er dychryn i Gaenor, gosododd ei llythyr efo'r lleill heb sylwi ei fod wedi'i gyfeirio iddi hi. Sylweddolodd Gaenor fod enw cyntaf ei thad, Garmon, yn eitha' tebyg o ran siâp i'w henw bedydd ei hun. Ond feiddiai hi ddim am y byd ddweud wrtho ei fod wedi gwneud camgymeriad. Wedi rhannu ei lythyrau'n drefnus yn ôl eu pwysigrwydd yn ei olwg, aeth ei thad yn ei flaen i fwyta brecwast digonol heb eu hagor.

'Rwyt ti'n pigo ar dy fwyd fel deryn bach bore 'ma,' meddai'i mam. 'Dwyt ti ddim yn dda?'

'Dwi'n iawn,' meddai Gaenor, a gweld trwy gongl ei llygad ei thad yn gwthio cyllell o dan labed yr uchaf o'i lythyrau academaidd. Roedd o am eu darllen wrth y bwrdd! Doedd dim ond ychydig frawddegau yn y llythyr cyntaf, ac wedi eu darllen â boddhad, gosododd ei thad y *satisfac.* llythyr yn ôl yn ei amlen. Llithrodd y gyllell ddidosturi o dan gongl amlen Sain Ffagan, ac agorodd Dr. Griffith y llythyr. Craffodd ar y geiriau cyntaf, a chodi ei ben.

'"Annwyl *Gaenor*—"' darllenodd mewn llais syfrdan. 'Be' ar y ddaear ydi peth fel hyn? *amazed* "Diolch am eich llythyr ynglŷn â'r garreg fedd ddyddiedig 1734 yn hen fynwent Llanfair-is-y-

Graig . . .'' Gaenor!' Cododd ei lais, a theimlodd Gaenor ei hun yn mynd yn fechan fach. 'Mi sgrifennaist *ti* i Sain Ffagan?'

'Do.' Prin y medrai Gaenor glywed sŵn ei llais ei hun. Bu distawrwydd am eiliad, fel petai'i thad yn methu dod o hyd i eiriau.

'Heb air wrtha i, nac wrth dy fam?'

Gwingodd Gaenor yn ei chadair. 'Roedd arna'i isio—isio rhoi syrpreis ichi.'

'Mi wnest ti hynny'n ôl reit!' meddai'i thad yn llym. Darllenodd y llythyr: 'Dydi'r angel hwn ddim yn anghyffredin o gwbl. I ddweud y gwir, mae'r motiff arbennig hwn, sef wyneb angel ac adenydd o'i amgylch, yn hynod gyffredin dros wledydd Prydain a thu draw yn y 17eg a'r 18fed ganrif. Nid oes unrhyw sail dros feddwl bod cerfluniau o'r fath yn Geltaidd 'chwaith, gan fod cymaint ohonyn nhw ym mynwentydd Lloegr, y cyfandir ac Unol Daleithiau America—'' *Celtaidd*!' Roedd llais Dr. Griffith fel ffrwydrad. 'Be' wyddost ti am *Geltiad*? Cerflun ar garreg fedd, 1734, yn *Geltaidd*? Be' ar y ddaear oedden nhw 'i feddwl ohono'i yn Sain Ffagan, wrth dderbyn ymholiad mor hurt o'r tŷ yma? Gwastraffu amser arbenigwyr, rhai o ddynion gorau'r genedl, ar ffantasi plentynnaidd!'

Roedd Gaenor yn eistedd â'i phen i lawr gan afael yn dynn â'i dwy law yn sêt ei chadair, ond fe wnaeth sŵn o dan ei gwynt a barodd i'w thad graffu arni am funud. 'Does dim eisio crio, dim ond bod yn gallach o hyn ymlaen.'

Darllenodd baragraff nesaf y llythyr: '''Ni fuaswn yn tybio mai I.W. oedd y cerflunydd:

mae'r enw'n rhy amlwg. Hwyrach mai fandal cynnar oedd o.'''

Gofynnodd ei mam yn dawel: 'Ga'i weld y llythyr, Gaenor?' Nodiodd Gaenor yn fud, ac fe ~~dumb~~ gymerodd ei mam y llythyr a'i ddarllen yn frysiog. 'Wel wir, mae hwn yn llythyr parchus iawn i arbenigwr ei yrru at eneth o oed Gaenor. Ddwedaist ti faint oedd dy oed di, Gaenor?' Nodiodd Gaenor drachefn, ac wrth iddi gofio'i balchder yn sgrifennu'r llythyr, llifodd y dagrau'n sydyn i lawr ei gruddiau. 'Mae'r boneddwr 'ma'n sgrifennu mor foesgar a manwl â phetai o'n gohebu ag oedolyn, rhywun ~~detailed~~ dysgedig. Dydi o ddim yn cyd-weld â syniadau ~~correspond~~ Gaenor, ond mae ysgolheigion yn anghytuno â'i gilydd o dro i dro! Ac mae o'n 'i chanmol hi; ~~praise~~ clywch: "Rydym ni'n falch iawn bod dau o'ch oed chi a Christopher—"'

'Christopher!' meddai'i gŵr. 'Pwy 'di Christopher?'

'Christopher Owen, debyg iawn, hogyn Sylvia.'

'Ho! Ysgolhaig arall!'

Aeth mam Gaenor ymlaen i ddarllen y llythyr. '"Rydym ni'n falch iawn fod dau o'ch oed chi a Christopher yn cymryd diddordeb yn y pethau hynafol hyn ac yn ymchwilio i'w cefndir. Gwaith pwysig dros ben yw cofnodi'r ~~record~~ hen gerrig beddau, ac fe all y canlyniadau fod o ddiddordeb i Archifydd y Sir. Pob hwyl i'r Arddangosfa." Dwi'n ei gael o'n llythyr neis iawn,' meddai mam Gaenor efo pwyslais. 'Wedi'r cwbwl, chwilio drosoch eich hun a gofyn cwestiynau ydi'r ffordd i ddysgu, yntê? Ac mi aeth Gaenor i lygad y ffynnon, ac mae hi i'w chanmol am hynny. Dywed y gwir, Seiriol: be' wyddost ti am gerrig beddau'r ddeunawfed ganrif?'

Cododd Dr. Griffith ar ei draed. 'Mi sgrifenna'i nodyn i Sain Ffagan i egluro ac i ymddiheuro.'

'Does dim angen,' meddai'i wraig. 'Mi gaiff Gaenor ei hun sgrifennu llythyr o ddiolch toc— ie, Gaenor?'

Wedi i'w thad fynd daeth ei mam ati a rhoi'r llythyr iddi. 'Gaenor druan, dy lythyr di ydi o, a chdi ydi'r olaf i gael 'i ddarllen o! Mi ddylet 'i gadw fo, achos mae o'n llythyr i fod yn falch ohono fo. Paid â thorri dy galon, cariad. Dydi dynion clyfar ddim yn gwybod popeth!'

Cyrhaeddodd Mrs. Owen yn fuan iawn, a dod i'r gegin gan edrych yn anesmwyth braidd. Ar ôl tipyn o sgwrs, meddai mam Gaenor: 'Mae Chris wedi cael canmoliaeth fawr fel tynnwr lluniau, Sylvia! Mi wyddost 'i fod o wedi tynnu dau lun o hen garreg fedd yn y fynwent er mwyn i Gaenor eu gyrru i'r Amgueddfa Werin yn Sain Ffagan? Wel, maen nhw wedi anfon i ddeud ei fod o wedi gneud gwaith gwych, ac y bydd y lluniau'n eitem dda i'r arddangosfa!'

Gloywodd wyneb Mrs. Owen, ond meddai, 'Mi gefais i gip ar Gaenor yn mynd i fyny'r grisia'.' Gwyddai Mrs. Griffith, o dôn Mrs. Owen, ei bod hi wedi sylwi ar yr olion dagrau ar ruddiau Gaenor.

'Roedd hi braidd yn siomedig nad oedd yr arbenigwr o'r un farn â hi ynghylch y garreg fedd. Mae o'n beth mawr iawn iddi hi.' Roedd Mrs. Griffith wedi dod o hyd i amlen lai yn yr amlen fawr o'r amgueddfa. 'A dyma'r lluniau dynnodd Chris. Maen nhw'n ardderchog,

90

hefyd,' meddai â pheth syndod. 'Hogyn garw ydi o.'

'Maen nhw'n deud fy mod i'n rong bob tro, ond maen nhw wrth 'u bodd efo dy lunia' di. Yli! "Llongyfarchiadau i Christopher ar ei luniau. Byddant yn gyfraniad gwerthfawr i'r arddangosfa, yn enwedig os medrwch chi eu dangos ynghŷd â lluniau cerrig eraill o'r un cyfnod.'

Roedd ei mam a Mrs. Owen wedi awgrymu ei bod hi'n dod â'r llythyr i'w ddangos i Chris. Ddywedodd o ddim, ond gwenodd wrth ddarllen y ganmoliaeth o'i waith, ac roedd hynny'n dipyn o gysur i Gaenor am ei siom ei hun. 'I feddwl bod 'na laweroedd o angylion 'r un fath â fo, heb fod yn Geltaidd o gwbl!' meddai Gaenor. 'Faswn i byth wedi meddwl.'

'B'le rwyt ti'n mynd rŵan?' Hongiai cwd Gaenor ar ei hysgwydd.

'I'r fynwent i neud *rubbings* o'r ddwy garreg arall, un Mary ac un Judith.'

'Mi ddo'i efo chdi i roi help llaw,' meddai Chris. Roedd y dafarn heb agor a doedd fawr o hwyl ar ei dad.

Parhâi'r angel i edrych yn anghyffredin iddi hi. Roedd ei wên fwyn yn falm i'w hysbryd. 'Wyt ti'n meddwl mai gwaith fandal cynnar ydi'r *I.W.1754* 'na?' gofynnodd. 'Dwi'n gwbod nad ydi'r llythrennau ddim cystal â'r lleill, ond—'

Ysgydwodd Chris ei ben. Iddo fo roedd 'fandal' yn golygu rhywun oedd yn sgrifennu geiriau byr aflednais ar waliau, neu'n malu

91

eiddo pobl eraill. Ni welai unrhyw gysylltiad rhwng peth felly a'r llythrennau ar y garreg, er iddyn nhw gael eu torri'n ddigon blêr.

'Yli,' myfyriodd Gaenor, 'mae o wedi torri'r "I" ar ffurf croes. Faset ti ddim yn disgwyl i *fandal* neud peth felly. A dywed fod arnat ti isio torri dy enw yn rhywle, faset ti ddim yn dewis gneud hynny ar draws carreg fedd, na faset, mewn lle sanctaidd?' Ac o dan lygaid angel, meddyliodd.

'Ond dydi fandaliaid ddim yn meddwl 'r un fath â phobl er'ill. Dydyn nhw ddim yn malio.'

'Dwn i ddim. Roeddan ninna'n fandaliaid, yn Hen Gapal.'

'Paid â bod mor dwp! 'Naethon ni ddim drwg.'

'Mi ddaru ni dorri petha'.'

'Heb geisio. Dydi hynny ddim yn cyfri'.'

Aeth Gaenor at wal yr eglwys i wneud *rubbing* o garreg fedd Mary Rowlands, a Chris efo'i offer at fedd gwastad Judith Hughes. O'r ddau, gan Chris roedd y gwaith mwyaf anodd; rhaid oedd cael gwared o welltglas yn tyfu dros y garreg, a chan fod y cerfluniau ar fedd Judith yn llawer mwy cymhleth ac wedi eu modelu'n fwy crwn, roedden nhw'n fwy anodd i'w codi trwy rwbio. Ymhen ychydig funudau roedd Gaenor wedi gwneud *rubbing* da o'r planhigyn prydferth ar faen Mary. Aeth at rai o'r cerrig eraill yn yr un rhan o'r fynwent, i gyd yn perthyn i'r ddeunawfed ganrif, ond heb lun arnynt. Craffodd ar faen bychan isel, a phlygu drosto i fodio wyneb y garreg. 'Chris,' galwodd, 'ty'd yma.'

'Diawcs,' meddai Chris pan welodd o'r

llechen gul isel. 'Run fath â'r un draw 'na.' Nodiodd i gyfeiriad y plwy' nesa'.

'Un Catherine,' meddai Gaenor. Ar y garreg hon hefyd roedd cylch dwbl, ac wyneb bach, bach yn ei ganol: dau lygad a thrwyn ar ffurf triongl main, a cheg fechan yn troi fel bwa. Cofiodd Gaenor fel y dywedasai Miss Samuel fod y cerflunydd wedi dangos wyneb bach 'yn nofio mewn goleuni'. Doedd y cyfan ddim mwy na'i llaw, ac o dan y ddelw roedd yr enw wedi ei dorri'n ddwfn: 'ANNA RICHARDS. 1733.'

'Mae o'n debyg iawn, a'r un faint,' meddai Chris. 'Wedi cymryd yr un patrwm i'r cylch, mi gei di weld.'

Trodd o gylch y fangre tra oedd Gaenor yn gwneud *rubbing*, ond safodd yn sydyn. 'Mae 'na un arall yn fan'ma.'

Roedd y llun hwn wedi ei wneud ar gefn carreg, ac felly'n wynebu'r gorllewin. Prin y gellid gweld yr wyneb yng nghanol y cylch, roedd y tywydd wedi gwisgo cymaint arno. Ond daeth i'r fei'n rhyfeddol wrth rwbio arno â'r cŵyr crydd. Bedd merch oedd hwn hefyd: Jane Thomas, 1734. 'Maen nhw i gyd yn ferched— Catherine, Anna, Jane,' murmurodd Gaenor, a theimlo rhyw anwyldeb yn cyffwrdd â hi o oes o'r blaen: rhyw dynerwch.

Crwydrai Chris o'r naill garreg ddi-lun i'r llall. 'Doedd o ddim yn fandal,' meddai'n bendant.

'Be'?' Cododd Gaenor a hel ei hoffer i'w chwd. Aeth at ochr ei chyfaill. Dangosodd yntau garreg a dim arni ond y ddwy lythyren 'T.I.' a'r dyddiad 1755 wedi eu torri'n ddwfn, ond yn flêr. Doedd Gaenor ddim yn deall ei ystyr am

93

funud, er i'r llythrennau ei phigo ag atgof o rywbeth neu'i gilydd.

'Oldi honna hefyd,' meddai Chris, 'a nacw.' Arwyddodd i gyfeiriad sawl carreg dlodaidd yn yr un clwt o'r fynwent, pob un yn dwyn yr un arysgrif foel: dwy lythyren a dyddiad ym mhumdegau'r ddeunawfed ganrif.

Gwelodd Gaenor yr hyn oedd yn ei feddwl. 'I.W. 1754! Rwyt ti'n iawn, Chris! Wrth gwrs— doedd I.W. ddim yn fandal, dim ond 'i fod o—' unodd Chris â hi: '—wedi'i gladdu yn yr un bedd!' Camodd yr ychydig lathenni at fedd John Roberts a charreg yr angel. 'Sbïa fel mae o'n torri llythrennau cul ar *slant*. Doedd o ddim yn gwbod 'i betha'n dda iawn. Fedra' fo ddim torri enwa' llawn, heb sôn am lunia'. Ond erbyn hynny, 1754, doedd 'na neb arall i neud y job.'

Nodiodd Gaenor, wedi ei hargyhoeddi a'i denu gan eglurhad Chris. 'Rwyt ti'n iawn, Chris, siŵr o fod. O, dwi'n falch nad oedd I.W. ddim yn fandal! Ella bod pobol yn dlawd iawn erbyn 1754—yn rhy dlawd i dalu i saer maen go iawn.'

'Digon o waith, 'chos dydan ni ddim wedi dŵad ar draws un garreg dda o'r adeg honno,— a fasa *pawb* ddim yn dlawd. Na, doedd 'na neb gwell ar gael erbyn hynny.'

'Be' ddigwyddodd i'r cynta', yr un luniodd yr angel a'r pot coeden?' Erbyn hyn roedd Gaenor yn holi Chris fel un a wyddai'r atebion i gyd, ac er mai dim ond pwtan o eneth oedd hi, roedd ei ffydd ynddo'n brofiad newydd ac yn un eitha' braf iddo.

'Roedd 'na ugain mlynedd rhwng y ddau,

94

oldi: 1734, 1754. Roedd y cynta', dyn yr angel, wedi marw, neu wedi symud o'r plwy'.'

'Rydan ni'n *darganfod* petha' eto!' meddai Gaenor. Roedd ei digalondid wedi dechrau chwalu. Doedd yr 'Xcellent Brains' ddim wedi bod yn iawn ynghylch y 'fandal cynnar', ac roedd ei mam yn llygad ei lle wrth ddweud nad oedd hyd yn oed dynion clyfar yn gwybod y cwbl. 'Hen ben wyt ti, Chris, i fedru egluro petha' fel 'na.'

Cododd Chris ei ysgwyddau'n ddidaro, ond gwyddai i sicrwydd ynddo'i hun ei bod hi'n bryd iddo ddatguddio'r darganfyddiad gwirioneddol. 'Fory, meddyliodd, pan âi o i Danrallt i dorri'r gwrych . . .

14

Gwyliodd Gaenor yn fud tra oedd Chris yn dadlapio'r parsel trwm ar y bwrdd yn y cwt. Tynnodd gwd o bapur gwydn oddi amdano, a dadlennu lwmp o rywbeth wedi ei rwymo'n ofalus mewn plygion o bolythen. Roedd Chris wedi amlapio'i drysor â dau fag a fu'n dal gwrtaith a mawn i'r ardd, ac fe wyddai Gaenor na fuasai byth wedi mynd i'r fath drafferth oni bai fod cynnwys ei barsel yn werthfawr iddo. Cymerodd Chris ei amser dros y gwaith am ei fod o'n mwynhau gweld ymateb Gaenor: roedd ei llygaid yn pefrio gan chwilfrydedd a chyffro a hwyrach fod tipyn o ofn yn ei gwedd hefyd.

'Pam na thorri di'r llinyn, Chris? Yli'r gyllell.' Roedd Chris yn straffaglio wrth geisio datod cylymau mawr cymhleth o'i waith ei hun.

Oedodd Chris cyn tynnu'r polythen. 'Be' wyt ti'n feddwl ydi o?'

Edrychodd Gaenor ar y parsel, ac yna ar Chris. Roedd ei lygaid yntau'n sgleinio, a'i wyneb i gyd fel petai ar fin gwên, ond ei fod o'n mynnu gwneud cyfrinach fawr o'r peth. 'Pen?' sibrydodd Gaenor. 'Pen carreg?'

Heb ddweud dim, datododd Chris y polythen, a dangos ei gynnwys.

Syllodd Gaenor arno. Er ei bod hi wedi dyfalu'n gywir, allai hi ddim llai na rhyfeddu ato. Darn o dywodfaen oedd o, wedi ei lunio ar ffurf pen eitha' tebyg i'r un a welsai efo'i thad. Roedd gan hwn yr un corun gwastad di-wallt a phant fel soser yn ei ganol, yr un talcen isel yn cysgodi'r trwyn siâp lletem a'r llygad mawr— dim ond un, gan fod congl o'r garreg wedi ei thorri'n gratsian, a rhan o'i wyneb o'i foch dde i'r corun wedi diflannu ers llawer blwyddyn; roedd y tywydd wedi gwisgo ymylon y toriad yn llyfn. Ond roedd digon yn aros i ddangos ffurf drionglog yr wyneb â'i dalcen llydan a'i ên gul, y llygad yn ei ffrâm ddwbl a'r geg yn troi mewn hanner-gwên. Ar fwrdd y cwt gardd ymhlith yr offer llaw a'r pacedi pethau lladd chwyn, edrychai'r pen yn ddieithr ac yn ddirgelaidd, darn o'r hen fyd wedi'i dynnu o'i gynefin.

Roedd Chris yn disgwyl yn ddiamynedd i Gaenor ddweud rhywbeth. Ond roedd hi'n dal i syllu'n fud ar y garreg, a throi o'i chwmpas i weld ochr yr wyneb, y talcen trwm a'r trwyn fflat a'r ên gul.

'Lle ceist ti o?' meddai toc. Swniai fel rhywun mewn swyngwsg bron.

'Yn yr ardd—nid hon, yn gardd ni.' Gwelodd ei bod hi'n siomedig. 'Mi ddoth i'r wyneb wrth imi balu yn y gongol wrth ymyl y tatws.' Doedd hynny ddim yn gelwydd.

'Mae o'n Geltaidd.' Nodiodd Chris yn eiddgar. 'Ac yn debyg i'r llall, on'd ydi?—yr un wel'ist ti yn y llyfr, wsti. Does gan hwn ddim twll yng nghongl 'i geg, neu mae o'n eitha' tebyg. O b'le doth o i'ch gardd chi? Dyna liciwn i 'i wbod.'

Roedd Chris wedi rhag-weld y cwestiwn. 'Mae'n tŷ ni wrth ymyl y fynwent. Roeddet ti'n deud bod honno'n lle sanctaidd yn yr hen amser ella, a'r Celtiaid yn aberthu i'r duwia' yno . . .'

'Dyna ddeudodd Miss Arthur, ac os felly—' myfyriodd Gaenor.

'Pan ddoth y sant cynta', a gneud llan ar y bryn, mi fasa'n lluchio'r hen dduwia' o'r neilltu,' awgrymodd Chris.

'Fel eilunod—basa.' Tynnodd Gaenor ei llaw dros y corun, a theimlo'r pant yn ei ganol. Roedd 'na bridd yn glynu i'r garreg. 'O Chris, i feddwl dy fod ti wedi 'i ddarganfod o, ar ôl yr holl amser 'ma!'

'Mi gei di 'i roi o ar ben y wal, a'i smentio fo.'

'Rhaid inni 'i ddangos o cyn hynny, yn yr arddangosfa. Ac wedyn mi ddyla' fynd i'r amgueddfa ym Mangor. ''Pen Celtaidd o Lanfair-is-y-Graig''. Ond fydd raid i Dad 'i weld o gynta'.'

Newidiodd yr awyrgylch yn y cwt yn sydyn. Dichon i gwmwl symud dros yr haul, neu i'r gwynt droi i gyfeiriad arall. Roedd y lle'n glòs braidd, a sylwodd Gaenor ar y chwys yn tasgu ar dalcen a gwefus uchaf Chris. Roedd o'n edrych yn bryderus, hwyrach am iddo glywed

97

tinc o bryder yn ei brawddeg olaf hi. Daeth ei aeliau at ei gilydd, bron fel aeliau'r duw ei hun. Ar ôl ennyd o ddistawrwydd, nodiodd yn gwta.

'Ty'd â fo at y gola', Chris, a'i ddal o i fyny.'

Roedd o wedi ei wisgo a'i faeddu gan y canrifoedd, yr hen dduw, fel na fedrai neb ddweud bellach pa mor debyg oedd o yn ei ieuenctid i dduwiau eraill ei genedl. Roedd o'n llawer mwy amrwd na duw'r gangen werdd yn Sir Fôn. Ac eto gallai Chris ei hun deimlo rhyw rym ynddo, rhyw dawelwch synfyfyriol. Roedd o'n gwneud iddo deimlo'n rhyfedd a doedd o ddim yn dallt pam, achos doedd o'n ddim ond darn o garreg, nac oedd? A heblaw hynny—sylwodd yn anesmwyth fod Gaenor yn craffu ar fanylion y pen. Gan fod ei freichiau'n dechrau cyffio, gosododd Chris o ar silff.

Roedd 'na rywbeth yn od ynddo fo, meddyliodd Gaenor; rhannau o'r cerflun wedi eu gwisgo'n llyfn, nes pylu o'r siâp wreiddiol, ac eto rhai llinellau'n edrych yn ffres ac yn glir. Y wên gellweirus 'na—bodiodd Gaenor y tro yn y geg gul ddiwefus. Syrthiodd cen o bridd oddi ar y garreg, a theimlodd Gaenor lwch o dan ei bys. Edrychodd arno: llwch brown oedd o, yr un lliw â'r garreg ei hun. Trodd ei phen yn sydyn a gweld Chris yn ei gwylio'n ddistaw. Roedd ei amrant-flew golau'n hanner-cuddio'i lygaid ac yn rhoi golwg slei iddo.

'Y chdi 'naeth o,' meddai. 'Deud celwydd roeddet ti.'

Safai Chris yn fud fel mul, a gwyddai Gaenor ei fod yn euog. Llanwodd ei llygaid â dagrau poeth. Roedd hi wedi meddwl am Chris fel

98

ffrind triw iddi, ac eto roedd o wedi chwarae tric fel hyn arni hi!

'Gneud sbort am 'y mhen i roeddet ti!' Roedd ei chalon yn llosgi fel briw. 'Be' wyt ti'n feddwl ydw'i—babi?'

Doedd Chris erioed wedi ei gweld hi fel hyn o'r blaen, â'i llygaid yn fflachio a'i hwyneb pinc yn cochi'n enbyd gan ddicter. A dyma'r diolch roedd o'n ei gael am ei oriau o lafur, i gyd er mwyn ei phlesio hi! Ond roedd o wedi hen arfer â chuddio'i deimladau pan fyddai'r athrawon yn yr ysgol yn dweud y drefn, fel malwen yn llithro i'w chragen, a doedd dim o'i siom i'w weld yn ei wyneb sarrug.

'Be' fasa Dad yn 'i ddeud?' Crynodd llais Gaenor. 'Sut na faset ti wedi meddwl am hynna?' Roedd distawrwydd Chris yn ei gwneud hi'n gynddeiriog. 'Rwyt ti'n rhy dwp! Dwyt ti ddim gwell na—na Schliemann!'

Roedd ei hathrawes y llynedd, wrth adrodd rhai o chwedlau Groeg wrth y dosbarth, wedi sôn am Schliemann, yr archaeolegydd a benderfynodd yn saith oed yr âi o ati i brofi bod straeon Homer am Mycenae a Chaerdroea yn ffeithiol wir. Aeth Gaenor adre'n llawen a dweud yr hanes wrth ei thad, ac fel roedd Miss Jones wedi ychwanegu: 'Ac mae tad Gaenor, wyddoch chi, yn archaeolegydd, 'r un fath â Schliemann!'

'Hy!' wfftiodd ei thad. 'Dydi hynna'n fawr o deyrnged. Roedd Schliemann yn fwy o fardd nag roedd o o archaeolegydd. Roedd o'n plannu pethau ar y safle er mwyn "profi" i bobol ei fod o'n iawn—ffugio'r dystiolaeth! Mi gawn i'r sac yfory nesa' petawn i'n ymddwyn fel Schliemann!'

Wyddai Chris ddim am Schliemann. Ond yn amlwg roedd y dyn yn Almaenwr, ac roedd yr holl Almaenwyr y clywsai Chris amdanyn nhw yn ddilynwyr Hitler yn yr Ail Ryfel Byd, yn arteithio milwyr Prydeinig dewr ac yn erlid Iddewon yn gïaidd mewn carcharau dychrynllyd. Cochodd Chris at ei glustiau a chodi ei ben yn ffyrnig, a gwyddai Gaenor ei bod hi wedi ei bigo i'r byw.

'Dwi'n mynd o'ma,' meddai Chris rhwng ei ddannedd. Caeodd ddrws y cwt â chlep ar ei ôl. Clywodd Gaenor yn dechrau crio, ond roedd o'n rhy filain i hidio llawer. Yr hen gnawas fach anniolchgar ffroenuchel iddi, roedd hi'n gymaint o snob â'i thad.

Doedd gan y duw unllygadog ddim clustiau i glywed wylo. Edrychai o'i silff lychlyd a gwenu'n gam â'i geg newydd sbon. Doedd y wên ddim yn gweddu i'w wyneb llonydd prudd. Ceisiodd Gaenor sychu'i dagrau â'i llaw fudr, a throi ei phen ymaith rhag iddi weld y lwmp carreg. Meddai wrthi'i hun: 'Gwên greulon sy gynno fo.'

'Gaenor, chdi pia'r rhain,' meddai'i mam ar ôl cinio, a chymryd amlen oddi ar y dresal— lluniau Chris o'r angel. 'Mae'n siŵr y byddwch chi'n eu dangos nhw yn yr arddangosfa. Gyda llaw, dal'ist ti i Chris amdanyn nhw?'

'Do,' meddai Gaenor yn gwta.

'Mae o'n un da am dynnu lluniau. Choelia'i byth nad oes 'na dipyn o gamp ar ddangos

100

manylion y cerflun mor eglur. Seiriol, wel'ist ti monyn nhw, naddo? Rwyt ti'n dallt y grefft—be' wyt ti'n feddwl o hwn?'

Craffodd ei gŵr ar y lluniau. 'Gwaith—y—hogyn Sybil?' Aeth â nhw'n nes at y ffenest, a sefyll yn llonydd i'w hastudio. Roedd Gaenor ar fin diengyd rhag iddi glywed pregeth arall am ei hanwybodaeth a'i haerllugrwydd, ond ysgydwodd ei mam y mymryn lleia' ar ei phen, ac oedodd Gaenor, er yn bur gyndyn.

'A hon ydi'r garreg fedd sgrifennaist ti i Sain Ffagan yn ei chylch?' Roedd yna syndod yn llais ei thad. '1734—faswn i ddim wedi credu. Mae'r dylanwad paganaidd yn amlwg iawn. Welech chi mo'r wyneb hwn tu allan i'r gwledydd Celtaidd,—ond yn Swydd Efrog ella, yr hen Elmet.'

Ar ôl ennyd o ddistawrwydd syfrdan, gofynnodd mam Gaenor yn addfwyn dawel: 'Deud wyt ti bod Gaenor yn iawn?'

'Dos i nôl y llythyr 'na,' meddai Dr. Griffith. 'Mae o gen ti o hyd, debyg?' Gwibiodd Gaenor trwy'r drws a thua'r llofft. Craffodd ei thad ar y darlun drachefn. 'Ar wahân i'r dannedd, mae'r nodweddion i gyd yn dangos confensiwn hynafol y Celtiaid. Rhaid inni chwilio i mewn i hyn.'

Daeth Gaenor yn ôl efo'r llythyr o Sain Ffagan, a'i roi o i'w thad. Teimlai'n benysgafn braidd. Darllenodd Dr. Griffith o'n gyflym. '''Nid oes unrhyw sail dros feddwl eu bod yn Geltaidd o gwbl . . . mae pob mynwent Seisnig yn llawn ohonynt.'' Mae 'na ddau beth yn fan'ma,' meddai'i thad yn bwyllog, fel petai o flaen dosbarth, 'sef yn gyntaf, y motiff, fel maen nhw'n 'i alw fo, o'r wyneb ac adenydd o'i

101

amgylch, ac yn ail, nodweddion yr wyneb ei hun. Mae'r wyneb ac esgyll o bobtu iddo'n gyffredin iawn, fel y gŵyr pob ffŵl; mae gen i syniad 'i fod o'n ymddangos yn o gynnar yn hanes yr Eglwys—yn Abyssinia, dwy'n credu, a'r Dwyrain Canol. Ond mae'r ffordd o drin yr wyneb yn beth hollol wahanol. Rhaid na ddaru ti egluro'n ddigon clir be' oedd yn dy feddwl di, Gaenor,' meddai'n llym. 'Roedden nhw'n meddwl mai gofyn oeddet ti a oedd y motiff yn Geltaidd. Mi ddylet fod wedi pwysleisio mai am yr *wyneb* yr oeddet ti'n holi. Os na wnei di ofyn y cwestiynau iawn, elli di ddim disgwyl atebion cywir.'

Gwelodd Gaenor wên fach ar wefusau'i mam. Nodiodd yn wylaidd. 'Ond *mae* o'n Geltaidd, on'd ydi, Dadi? Mi'i gwel'is i o yn syth ar ôl ichi siarad wrth y Gymdeithas am y pen yn Llanfairpwllgwyngyll, ychi, a gweld tebygrwydd.'

'Mae'r llythyr 'ma'n cyfeirio at erthyglau ar y pwnc,' meddai'i thad. 'Mi bicia'i i'r llyfrgell pnawn 'ma a chael golwg arnyn nhw. Rhaid inni neud tipyn o ymchwil, wsti.'

'Wyt ti am fynd â Gaenor i'r llyfrgell?' gofynnodd ei mam yn syn.

'Y?' meddai Dr. Griffith. 'Na, na: rhaid imi weithio'n gyflym. Mae'r llyfrgell yn cau am y gwyliau ymhen 'chydig o ddyddia' a does dim amser i'w golli. Mi gaiff Gaenor weld y nodiadau heno. Be' ydach chi am 'neud pnawn 'ma?'

'Mynd i drochi, gan 'i bod hi mor braf. Bechod i chditha' gau dy hun yn y llyfrgell, hefyd.'

'Twt, mi fydd yn newid o'r gwaith arall. Ac mae gen i un neu ddau o fanylion i'w harchwilio ynghylch hwnnw 'r un pryd.'

102

Er gwaethaf ei ffrae efo Chris, roedd Gaenor
yn eitha' hapus y pnawn hwnnw. Roedd hi'n
hyfryd ar y traeth, ac roedd y môr yn dawel ac
yn gynnes braf wrth ymyl y lan. Gan fod ei mam
yn medru nofio'n dda, enillodd Gaenor hyder
yn ei chwmni a mwynhau chwarae efo'r dŵr.

Ond aeth ei chalon i'w sgidiau pan gyrhaedd-
odd hi adre' a gweld y lluniau a dynasai'i thad
o'r erthygl ar gerrig beddau cynnar Sir Aber-
teifi. Roedd 'na ugeiniau o bennau asgellog:
engyl tew a thenau, engyl prudd, syn a siriol,
engyl del a hyll, engyl oedd bron yn adar, a rhai
eraill oedd yn hanner-pryfed, llawer o engyl â
gwallt modrwyog ac un neu ddau oedd yn foel;
engyl yn gwisgo coronau, teimlyddion, ruban-
au neu ryw fath o addurn rhyfedd, tebyg i erial
neu hwylbren. Roedd ganddyn nhw wynebau
fel wyau, fel afalau, fel tatws. Roedd rhai yn
chwythu utgyrn, eraill yn dangos eu calonnau.
Doedd dim diwedd i'r amrywiadau.

'Mae rhai o'r rhain yn edrych fel bodau o
bellteroedd y gofod, heb sôn am Abyssinia,'
meddai'i mam.

'O'r gofod mae angel yn dŵad,' meddai
Gaenor. Ond roedd hi'n rholio chwerthin wrth
edrych ar un neu ddau o'r criw.

'Hwyrach bod 'na bla o UFOs yn Sir Aberteifi
yn y ddeunawfed ganrif,' awgrymodd ei thad.
'Mi fasa ambell un o'r llu nefol yma'n codi ofn ar
Gapten Zep ei hun.'

Yn y diwedd, wedi iddyn nhw edrych yn
fanwl ar yr holl luniau, roedden nhw'n sicr
ynghylch un peth.

'Dydi'r un ohonyn nhw'n debyg i'n hangel
ni,' meddai Gaenor.

'Dwi'n cytuno,' meddai'i thad. Roedd y gwalltiau modrwyog, y cegau fel bwâu, y trwynau a'r bochau crynion yn tarddu o ryw ffynhonnell wahanol i'r wyneb dirgelaidd yn lluniau Chris. 'Dydi'r rhain ddim yn Geltaidd. Mae llawer ohonyn nhw'n fabanod. Mae'r bodau aeddfed yn gwisgo'r addurniadau od 'ma. Ac mae'r rhai syml, gan amlaf, yn fwy amrwd na hwn. Roedd saer maen John Roberts yn gwybod 'i betha'n bur dda. Dwi'n amau ei fod o'n tynnu ar fodel hynafol na wyddai bois Aberteifi ddim amdano fo.'

'Ond be'? Pwy?' meddai Gaenor. 'Dyna liciwn i 'i wybod.'

'Mae'n eitha' tebyg na chawn ni byth wybod,' meddai'i thad.

'Mae Miss Arthur yn deud y gall y llan Geltaidd fod wedi cael ei gneud ar dir oedd yn sanctaidd yn barod.'

'Hen gysegr paganaidd? Ella wir. Mae'r safle 'na ar y bryn sy'n codi mor sydyn o'r dyffryn efo'r afon yn llifo wrth ymyl, yn debyg o dynnu sylw ymhob oes. Deud rwyt ti y gallai'r angel ein harwain ni'n ôl i oes gynharach o lawer, o bosibl i'r hen gyfnod paganaidd.'

Doedd Gaenor ddim wedi bwriadu dweud dim o'r fath; doedd y syniad ddim wedi dod i'w meddwl. Ac eto, wedi i'w thad ei fynegi mewn geiriau, gallai weld yn aneglur ei bod hi wedi ymbalfalu ei ffordd tuag ato o'r cychwyn bron. Teimlai gyffro'n ei chynhesu trwyddi. Ac roedd llygaid ei thad hefyd yn sgleinio tu ôl i'w sbectol, nes iddo edrych yn iau o lawer.

'Mae hi'n gadwyn go hir i ymestyn yn ôl o'r ddeunawfed ganrif i'r chweched a thu draw,'

104

meddai hwnnw, 'a llawer o'r dolennau wedi
diflannu'n llwyr.'

'Be' am yr eglwys?' meddai'i mam. 'Er ei bod
hi'n llawer diweddarach na'r llan, siawns ei bod
hi wedi cadw ambell ddolen gydiol.'

'Yr *hen* eglwys, ella: yr un oedd yn sefyll ar y
bryn pan oedd y saer maen yn torri llun yr
angel. Ond mae honno wedi diflannu yn ei thro.
Y tacla' penseiri 'na yn oes Victoria yn mynd ar
hyd a lled y wlad a llorio pob eglwys yn eu
llwybr—maen nhw wedi dinistrio llawer o'n
gorffennol ni.'

'Ydach chi'n meddwl, Dadi, bod y seiri meini
wedi copïo pethau oedd yn yr eglwys bryd
hynny wrth dorri'r llunia' ar y cerrig beddau?'

'Wel, mae o'n bosibl, on'd ydi? Yn y cyfnod
modern mae gan y saer weithdy, ac mae o'n
dibynnu ar batrymau, fel y goeden helyg drag-
wyddol 'na weli di mewn ambell fynwent, i gyd
o'r un patrwm—'

'Stensil,' meddai Gaenor. 'Dyna ddeudodd
Chris—nad oedd y lluniau ar yr hen gerrig ddim
wedi eu gneud efo patrwm.'

'Chris? O ie, y bachgen dynnodd y llun:
hogyn Sybil. Eitha' teg. Mi ddarllenais i pnawn
'ma nad oedd rhai o'r dynion dorrodd y cerrig
cynnar ddim yn seiri meini yn ôl 'u galwed-
igaeth. Gallai unrhyw ddyn a chanddo dipyn o
addysg a medr droi 'i law at y gwaith: ysgol-
feistr neu glarc y plwy', er mwyn ennill tipyn o
syllta' at 'i gyflog. Fasai gan un felly ddim llyfr
patrymau; mi fasai'n copïo rhyw lun wrth law,
neu gynllun o waith person y plwy', ella. A pha
le gwell i gael lluniau yn yr oes honno na'r
eglwys?

'Mae hynna'n eitha' credadwy mewn ardal-oedd gwledig,' meddai'i wraig. 'Roedd cyfloga' mor isel, on'd oedden?'

Adroddodd Gaenor eglurhad Chris o'r 'I.W.1754' ar ganol y garreg fedd, a dangos enghreifftiau eraill o ddwy lythyren a dyddiad wedi eu rhwbio ganddi oddi ar gerrig di-nod y fynwent. Murmurodd ei mam:

'"Y Garreg arw a'r ddwy lythyren
Dorrodd rhyw anghelfydd law".'

'Yn union,' meddai'i thad. 'Mwy credadwy o lawer na'r syniad o fandal cynnar. Mae 'na rywbeth ym mhen y Crispin 'ma.'

Gwenodd Gaenor yn ddistaw bach ar ei mam wrth glywed camgymeriad ei thad, a'r un pryd daeth cwmwl dros ei hysbryd wrth iddi gofio strach y pen ffug, a'i ffrae efo Chris. Roedd o wedi ei chynorthwyo hi'n ffyddlon hyd hynny. Pam roedd rhaid iddo ei ddangos ei hun mor dwp, a, gwaeth na hynny, ei thrin *hi* fel twpsyn? Hyfryd oedd cael help ei thad. Ond roedd hi'n drist meddwl na châi hi ddim help gan Chris o hyn allan.

15

Roedd y chwiliad yn dechrau canolbwyntio ar eglwys y plwy', ac felly roedd Gaenor yn falch pan ffoniodd Miss Arthur, a chynnig mynd â hi a Rachel yno ben bore drannoeth. Doedd 'na ddim gwasanaeth yno'r diwrnod hwnnw, ond gallai Miss Arthur nôl yr agoriad o

106

dŷ cyfagos a chyfarfod â Gaenor wrth ddrws yr
eglwys am chwarter i naw. Roedd golau'r
bore'n well at dynnu lluniau, ac roedd hi'n
mynd ar daith i weld ei chwaer yn Llangollen ar
ôl hynny.

'O oes,' meddai, 'mae 'na weddillion o'r hen
eglwys i'w gweld o hyd, ac mae arna'i eisio i ti a
Rachel dynnu lluniau ohonyn nhw ar gyfer yr
arddangosfa.'

Trodd yr allwedd drom yn gyndyn yn y clo, a
chlecian wrth ryddhau'r hasb. Gwthiodd Miss
Arthur y drws, ac fe lithrodd hwnnw'n ôl gan
wichian yn annaearol.

'B-r-r,' meddai Rachel, a stumio crynu. Ac
roedd yr aer yn eu taro'n oer wrth iddyn nhw
gamu dros y rhiniog. Gaenor oedd yr olaf i fynd
i mewn. Wrth i Rachel ollwng ei gafael yn y
drws, caeodd y tu cefn iddi. Clywodd Gaenor
sŵn traed Miss Arthur yn cerdded yn sionc dros
y llawr cerrig, ac yn stopio'n sydyn. Ymhen
hanner eiliad, sgrechiodd Rachel.

Fferrodd gwaed Gaenor, ac roedd arni ofn
gwthio'r drws yn ôl. Ond dyfalodd eu bod nhw
wedi styrbio llygoden, ac er nad oedd ganddi
fawr i'w ddweud wrth lygod dyma hi'n rhoi
hwb i'r drws a llamu dros y rhiniog. Er
syfrdandod iddi, gwelodd fod y ddwy arall yn
sefyll fel dau gerflun yng nghefn yr eglwys gan
syllu i lawr yr eil tua'r allor, a Rachel wedi
gafael yn dynn ym mraich Miss Arthur. Throdd
yr un o'r ddwy eu pennau fel yr aeth Gaenor
atynt ar flaenau'i thraed, dim ond dal i rythu'n
syth o'u blaen. Edrychodd Gaenor i'r un cyf-
eiriad. Sgrechiodd hi ddim; roedd ei gwddf yn
sych gan arswyd.

107

Roedd 'na gorff yn gorwedd o flaen yr allor, wedi ei lapio mewn amdo llwyd.

Wyddai Gaenor ddim am faint y bu'r tair yn sefyll gan syllu'n fud ar y ffurf lonydd. Doedd hi ddim yn gwybod ei bod hi wedi closio at Miss Arthur yn ei dychryn, nes i honno ei rhyddhau ei hun o afael y genethod, a sibrwd wrthynt: "Rhoswch chi yma.' Sythodd, a cherdded yn ddistaw i fyny'r eil tua'r gangell. Roedd Rachel wedi bachu fel gelen yn Gaenor, ac roedd y ddwy fel petaen nhw wedi'u hoelio i'r fan.

'O,' cwynodd Rachel o dan ei gwynt, a throi ei phen ymaith pan ddringodd Miss Arthur y ddwy res o risiau a phenlinio wrth ochr y corff. Pelydrodd haul y bore arni trwy'r ffenest ddwyreiniol wrth iddi blygu ac edrych ar yr wyneb. Darganfu Gaenor ei bod hi'n dal ei gafael yn dynn yn Rachel, ac roedd arni gywilydd ohoni'i hun. Fe ddylai fynd at Miss Arthur a'i helpu. Roedd yr athrawes yn rhoi'i llaw yn dyner ar ysgwydd y corff. Nid ysbryd oedd o felly . . .

Sgrechiodd Gaenor y tro hwn, heb yn wybod iddi'i hun. Gwaeddodd Rachel hefyd nerth ei phen, a gyrru atseiniau o gylch yr eglwys. Roedd y corff, o hyd wedi'i lapio'n glos yn ei amdo llwyd, wedi codi ar ei eistedd.

Clywodd Gaenor Rachel yn cythru am ddrws yr eglwys a'i agor. Daeth goleuni ac awyr iach trwyddo, a'r munud hwnnw, fel petai sbring cudd ynddi wedi cael ei ollwng, cythrodd Gaenor i fyny'r eil.

Roedd Miss Arthur wedi cilio cam neu ddau a sefyll â'i chefn at yr allor. Erbyn hyn roedd y corff, o hyd ar ei eistedd, yn troi a throsi fel petai mewn ymdrech i'w ryddhau ei hun o'i amdo.

Doedd o ddim ar fin troi'n angel, 'chwaith. Roedd ganddo wyneb brown iach, a dau lygad mawr disglair, er bod y rheini'n dal i amrantu'n ansicr yng ngolau'r haul, ac i edrych o'u cwmpas fel petai mewn syndod o weld seddau'r côr, a'r sgrîn, a nenfwd y gangell.

'Miss Samuel!' ebychodd Gaenor, a theimlo'i choesau'n sydyn wedi troi'n jeli. Ar y gair, dyma Miss Samuel yn tynnu ar sip ei sach gysgu, a llwyddo i ryddhau ei phen a'i hysgwyddau o'i phlygiadau cynnes. Roedd wedi cau amdani fel gwisg Esgimo, ond mewn eiliad datododd hi i'r gwaelod, ei hysgwyd oddi amdani a chodi'n eitha' ystwyth ar ei thraed. Roedd hi wedi ei gwisgo yn union fel yr oedd hi ym mynwent Bodfan Sant, ar wahân i'w het a'i sgidiau. Edrychodd yn ymholgar ar Miss Arthur, fel petai'r athrawes wedi torri i mewn i'w stafell wely.

'Y—bore da,' meddai Miss Arthur. 'Ydach chi—ydach chi'n iawn?'

'Bore da,' meddai Miss Samuel yn rasusol. 'Dwi'n falch o'ch gweld chi.' Edrychodd ar ei wats, un fawr ar strap ledr, tebyg i un dyn. 'Dwi wedi cysgu'n hwyr.'

Roedd Miss Arthur fel petai wedi ei tharo'n fud, a sylwodd Gaenor am y tro cynta' fod ei gwedd fel y galchen. O'r diwedd meddai wrth Gaenor: 'Rwyt ti'n nabod y ledi yma?'

'Rydan ni wedi cyfarfod ym mynwent Bodfan,' meddai Miss Samuel cyn i Gaenor gael cyfle i ateb. 'Roedd yr eneth 'ma a'i ffrind yn tynnu lluniau eneidiau.'

Druan o Miss Arthur, doedd 'eglurhad' fel hyn ddim ond yn peri mwy o ddryswch iddi.

'Gneud *rubbings*, ychi,' meddai Gaenor wrthi'n nerfus, 'o luniau ar y cerrig beddau.' Roedd Miss Samuel wedi nôl ei het a'i sgidiau o gornel dywyll, ac roedd hi'n eu gwisgo'n ddidaro. Gwelodd Gaenor fod Rachel wedi dod yn ôl i'r eglwys a mentro hanner ffordd i fyny'r eil. Safodd yno'n gegagored i wylio Miss Samuel yn rholio'i sach gysgu ac yn ei stwffio i bac mawr ar olwynion wedi ei barcio'n hwylus y tu cefn i'r pulpud.

'Da fy mod i wedi dod â'r troli i mewn efo mi i'r gwasanaeth neithiwr,' sylwodd Miss Samuel. 'Roedd arna'i ofn ei adael o yn y ports, mae 'na gymeriadau mor rhyfedd o gwmpas y wlad y dyddiau hyn. Mi fydda' i'n hoffi Hwyrol Weddi yn yr eglwys hon. Mi eis i i edrych ar gofeb fy nheulu ar ddiwedd yr oedfa—Huwsiaid Llanfair-is-y-Graig, wyddoch chi—a phan ddois i allan o'r capel bach roedd pawb wedi mynd, a drws yr eglwys wedi ei gloi!'

'Profiad cas iawn,' meddai Miss Arthur. Swniai'i llais yn ansicr, er bod ei lliw yn dechrau dod yn ôl.

'O, wn i ddim,' meddai Miss Samuel yn braf. Edrychodd o gylch yr adeilad â'i llygaid gloyw brown-wyrdd. 'Rydych chi'n ddiogel yn yr eglwys—yn enwedig pan fo hen gysylltiad teuluol. "Gwyn fyd preswylwyr dy dŷ, yn wastad y'th foliannant." Mi gysgais i'n eitha' tawel. Roeddwn i'n effro'n gynnar ac yn disgwyl iddyn nhw ddod i agor y drws ben bore. Ond mi aeth amser y Cymun heibio ac mi eis i'n ôl i gysgu.'

'Doedd dim gwasanaeth yma'r bore 'ma,' meddai Miss Arthur, bron yn ei llais arferol.

110

'Lwcus ein bod ni wedi dod i edrych ar yr hynafiaethau. Rydach chi'n siŵr eich bod chi'n iawn?'

'O ydw, diolch. Ddaeth y milwyr ddim i'm styrbio i'r tro hwn—y fyddin Seisnig, wyddoch chi, o Gaer. Rhaid i'r plant weld cofeb y teulu, ac arfbais Meredydd, ein cyndad.' Arweiniodd nhw i'r capel bach wrth ochr ddeheuol y gangell. 'Dacw'r arfbais: y tri phen carw. Roedd o'n un o wyrda Llywelyn Fawr. Mae'r rhan fwyaf o frodorion y dreflan yn ddisgynyddion i Feredydd.'

'Ie, roedd arna'i eisio i'r gennod weld honna,' meddai Miss Arthur.

'Mi wna'i *rubbing*,' meddai Gaenor.

'Ie—a Rachel; gwna di *rubbing* o'r pres 'na.'

'A dyma ddarn o'r hen sgrîn,' meddai Miss Samuel, gan ddangos cas gwydr, 'yr un dorrodd y milwyr o Gaer, wyddoch chi, ar eu ffordd i'r Dalar Hir.'

Fandaliaid eto, meddyliodd Gaenor: ymwel-wyr o Loegr wedi meddwi yn y Britannia Inn. Y Dalar Hir: lle roedd hwnnw? 'Pa bryd oedd hynny, Miss Samuel?' gofynnodd, a gweld rhyw lewyrch rhybuddgar yn llygad Miss Arthur.

'Mae 'na nodyn yn fan'na yn dweud y dydd-iad,' meddai Miss Samuel. '1647, dwi'n meddwl.'

Cododd cwestiwn i flaen tafod Gaenor, ond ddywedodd hi ddim. ''Ddaeth y milwyr ddim i'm styrbio i'r tro hwn.' Rhedodd diferyn o ddŵr oer yn araf i lawr ei chefn.

'Yn yr *hen* eglwys oedd hynny,' meddai Miss Arthur yn dawel.

111

'Yr un ydi'r tir,' meddai Miss Samuel. 'Mae'r cerrig yn cofio.'

Nid carreg oedd y darn sgrîn 'chwaith, ond pren du wedi ei gerfio'n hardd. Roedd 'na rywbeth yn gyfarwydd yn nhroeon gosgeiddig y dail. Chwilotodd Gaenor yn gyffrous yn ei sgrepan; roedd hi wedi dod â'i chasgliad o *rubbings* i'w dangos i Miss Arthur.

'Mae o'n debyg, Miss Arthur, 'drychwch! Mae patrwm y dail yn debyg iawn i'r llun ar y garreg fedd: Mary Rowlands, 1734. Ond dydi'r pot coeden ddim i'w weld. Yng ngwaelod y sgrîn fasa hwnnw, ella.'

'Pren y Bywyd,' meddai Miss Samuel, gan edrych ar y *rubbing*. 'Motiff Celtaidd. Dyna oedd f'enw i ar un adeg: Mary Rowlands.'

'Ydi, mae o'n debyg,' meddai Miss Arthur ar ôl eiliad o ddistawrwydd. 'Dowch, gennod; mae 'na bethau eraill i'w gweld yng nghorff yr eglwys.' Wrth iddyn nhw adael y capel bach, trodd at Miss Samuel a dweud yn garedig: 'Rhaid ych bod chi bron â llwgu. Os liciwch chi ddŵad adre' efo mi—'

'Na, na, mae gen i fwyd, diolch ichi.' Heb edrych yn ôl, cerddodd Miss Samuel yn heini i lawr yr eil gan lusgo'i throli. Penliniodd am funud â'i phen i lawr. Croesodd at y drws, ac allan â hi.

Ochneidiodd Rachel gan ryddhad, ac ymlaciodd Miss Arthur ryw ychydig. Roedd y tair wedi sefyll yn stond i wylio Miss Samuel, ac am funud doedd gan neb ddim i'w ddweud. Curodd Rachel ei thalcen yn arwyddocaol, a murmurodd Miss Arthur 'Gre'dures' yn bryderus. Roedd Gaenor yn rhy syfrdan i ddweud dim, a

112

phob math o bethau'n troi'n ddryslyd yn ei phen.

Ond pan aethan nhw allan i'r ports cyn bo hir, dyna lle roedd Miss Samuel yn eistedd ar y fainc yn yfed coffi o fflasg ac yn bwyta afal yn eitha' cyffyrddus. Fel roedd Miss Arthur yn cloi'r drws, gofynnodd Gaenor yn swil:

'Miss Samuel, ydach chi'n cofio carreg fedd Catherine ym mynwent Sant Bodfan, a'r llun o wyneb bach mewn cylch dwbwl?'

'Yr halo dwbl Celtaidd? Debyg iawn.' Cymerodd Miss Samuel lwnc arall o goffi.

'Wyddoch chi fod 'na ddwy garreg debyg iddi yma?'

'Mwy na dwy. Dylanwad Penmon. Gymerwch chi afal?'

'Ddim diolch.' Penmon? meddyliodd Gaenor. Ond cyn iddi gael cyfle i holi rhagor ar Miss Samuel, roedd Miss Arthur yn galw arnyn nhw: 'Mi awn ni i dynnu llun yr ochr hon o'r eglwys tra mae'r haul arni.'

Pan aeth y tair i fyny'r llwybr tua gât y fynwent ac edrych yn ôl at y ports, roedd Miss Samuel wedi mynd. Ond doedd hi ddim ond wedi newid ei lle: roedd hi'n pwyso'n braf yn erbyn y llidiart bach, gan danio sigarét. Cododd ei phen, a chwifiodd Gaenor ei llaw arni. Gwenodd y ddynes, ac yn sydyn roedd hi'n edrych yn iau, ac yn ddel.

'Mi fu bron imi farw!' meddai Rachel. 'Neith neb goelio pan ddeuda'i!'

'Dydych chi ddim yn 'i nabod hi, Miss Arthur?' meddai Gaenor.

'Nac ydw. Wrth gwrs dydw'i ddim yn enedigol o'r lle; dim ond ers ychydig flynyddoedd

113

dwi'n byw yma. Dwi'n credu fy mod i wedi ei gweld hi'n disgwyl am y bws efo'i throli unwaith neu ddwy, ac ar lwybr yr eglwys Saesneg, ond feddyliais i ddim ei bod hi—ei bod hi'n wahanol i bobl eraill.'

'Pan ddeudodd hi, "Mary Rowlands oedd f'enw i ar un adeg"—' Fedrai Gaenor ddim gorffen y frawddeg; roedd yr atgof yn rhoi ias oer iddi. ''Tasa hi wedi priodi,—ond *Miss* Samuel ydi hi. Mae Mrs. Owen yn deud ei bod hi'n crwydro llawer o gwmpas yr ardal.'

'Trueni o beth. Mae hi'n gymysglyd iawn. Ac eto mae hi'n edrych yn iach, ac weithia' mae hi'n siarad fel petai hi'n dallt y cwbwl.'

'Mae hi'n dallt llawer am y cerrig bedda', dwi'n meddwl. Wyddoch chi be', Miss Arthur? Mae Dadi a fi am fynd i'r Archifdy yng Nghaernarfon i edrych ar gofrestr y plwy', i drio canfod pwy oedd John Roberts ac I.W.! Mae Dadi'n meddwl hwyrach y down ni o hyd i gliw ynghylch y cerflunydd. Ac mae Mam am fynd â ni am bicnic i Sir Fôn dy' Gwener—Rachel a Sarah a Bethan a fi.'

'Wel, dyna braf, Gaenor. Mae'n bryd i minna' gychwyn am Langollen. Hwyl iti!'

Ar lawer cyfri' roedd Gaenor yn eitha' hapus wrth iddi wylio car Miss Arthur yn bowlio i lawr yr allt, gyda thrwyn gwyn Eira'n dangos trwy'r ffenest a Rachel yn codi'i llaw arni cyn iddyn nhw droi o'r golwg. Braf oedd cael brolio am yr Archifdy a'r picnic; braf oedd edrych ymlaen at y ddau. Ac roedd hi wedi dod o hyd i dipyn o dystiolaeth oedd yn cadarnhau syniad ei thad mai o addurniadau'r eglwys y cymerodd y saer maen ei gynlluniau. Mi fyddai'i thad yn falch o

114

glywed am y darn sgrîn. Ond er hynny i gyd
roedd hi'n teimlo'n brudd wrth fynd heibio i
ben y stryd lle roedd Chris yn byw. Pa hawl
oedd ganddo fo i ddigio? meddai wrthi'i hun.
Arno fo roedd y bai, yntê? Deud celwydd wrthi,
a meddwl ei bod hi'n ddigon gwirion i gymryd 'i
thwyllo, jyst am ei bod hi'n iau na fo! A'i thad o
bawb yn dweud bod gan 'Crispin' rywbeth yn ei
ben! Roedd pen Chris mor solet bron â'r lwmp
carreg roedd o wedi ei gynnig iddi fel pen
Celtaidd. Ond allai hi ddim llai na chofio'r
munud pan edrychai'r wyneb carreg yn ddwys
ac yn rhyfeddol iddi, a dyna pam roedd ganddi
ryw boen yn ei chalon wrth groesi gwaelod
Bryn Eglwys.

'Dacw'r haul yn dod i'r golwg o'r diwedd!'
meddai'i mam. Roedd hi wedi bwrw glaw ar
hyd y pnawn. 'Dwi am fynd allan i'r ardd i dorri
blodau ffres, a chwynnu tipyn ar y gwlâu tra
mae'r pridd yn 'lyb.'

'Mi ddof inna',' meddai Gaenor. Roedd ei thad
wedi mynd i ryw bwyllgor pwysig iawn.

Aeth ei mam yn syth i'r cwt gardd ac estyn ei
hen sgidiau rwber a'i hoffer chwynnu.
'Brensiach mawr, beth ydi peth fel 'na?'
ebychodd, o weld y pen carreg ar ei silff o hyd.
'Mae o'n edrych fel pen Celtaidd.'

Roedd Gaenor wedi anghofio ei fod o yno.
Petrusodd cyn ateb. 'Mae o'n *edrach* felly, ond
dydi o ddim,' meddai'n sobr. Ar ôl hynny doedd
dim amdani ond adrodd yr hanes i gyd wrth ei
mam, er iddo ddangos Chris mewn goleuni mor
anffafriol.

Synnodd pan chwarddodd ei mam yn iawn. Wrth gwrs, doedd hi ddim yn archaeolegydd, ac mae'n debyg nad oedd hi'n sylweddoli pa mor ysgeler oedd trosedd Chris o ffugio'r dystiolaeth. 'Mi ddeud'is 'i fod o'n waeth na Schliemann,' gorffennodd Gaenor yn llym.

Chwarddodd ei mam yn fwy nag erioed. Doedd *neb* yn ei chymryd hi o ddifri'; dyna oedd y drwg. 'A be' oedd ateb Chris i hynny?' gofynnodd ei mam.

'Deud "Dwi'n mynd o'ma" a cherdded allan,' meddai Gaenor yn ddig. 'Dydi o ddim yn *dallt*. Dydi o ddim yn *gwbod* digon,' gorffennodd yn fyfyriol.

Aeth ei mam at y silff ac ystyried y pen. Trodd o o'r naill ochr i'r llall, a dweud: 'Dwi'n gweld 'i fod o wedi torri llinellau newydd tua'r llygad, ac mae'r wên 'ma'n newydd . . . Gwaith eitha' twt, hefyd. Mae un taid iddo'n hen chwarelwr, dwi'n credu, ac mae brawd 'i fam o'n saer. Hogyn garw ydi o.' Trodd y pen drachefn. 'Ddeudodd o ymhle cafodd o hwn?' gofynnodd mewn tôn wahanol.

'Do,' meddai Gaenor. 'Mi ofynn'is iddo fo, ac mi ddeudodd ei fod wedi cael hyd iddo yn ei ardd ei hun—ond dydw'i ddim yn 'i goelio fo! Roedd o wedi'i blastro efo pridd, 'n enwedig y darna' newydd.'

'Meddwl roeddwn i 'i fod o'n debyg i ben Celtaidd, dim ond 'i fod o wedi 'i wisgo gan y tywydd. Carreg feddal ydi hi. Rhaid iti ofyn iddo fo eto, Gaenor—a dangos hwn i dy dad.'

'O na,' meddai Gaenor. Ei thad, gelyn Schliemann! 'Plîs, Mam, peidiwch â deud gair amdano fo wrth Dadi!'

116

Pan ddaeth ei thad i mewn ar ôl y pwyllgor, syllodd ei wraig arno'n anghrediniol, a dechreuodd Gaenor chwerthin; roedd golwg mor od arno. 'Brensiach y byd, Seiriol,' meddai'i mam, 'lle mae dy got law di?'

'Amdana'i, debyg iawn.' Swniai Dr. Griffith yn falch o hyn, gan ei fod yn anghofio pethau o dro i dro, a gadael cotiau, menig a chrafatau ar ôl mewn festrïoedd a stafelloedd coleg.

'Sbïa ar y llewys! Prin maen nhw'n cyrraedd y penelin!' Erbyn hyn roedd Gaenor yn rholio chwerthin. Craffodd ei thad ar ei arddyrnau a rhai modfeddi o lewys crys. 'Stwff gwael,' agrymodd yn ddifrifol, a bodio godre'i got, oedd hefyd yn bur gwta. 'Mynd i mewn wrth 'i 'lychu.'

'Mae 'na ryw aelod arall o'r pwyllgor yn llusgo o gwmpas a'i got law'n sgubo'r llawr,' meddai'i wraig.

'Mi wn i pwy ydi o!' cyhoeddodd Dr. Griffith, wedi sirioli o glywed rhywun arall yn cael rhan o'r bai. 'Y Parchedig Jeremiah, siŵr i chi! Wel, dyna ichi ffŵl o ddyn, yntê?, yn cymryd 'y nghot i a gadael pwt o beth fel hyn!'

Amser swper adroddodd Gaenor dipyn o hanes y digwyddiad rhyfedd yn yr eglwys y bore hwnnw.

'Miss Samuel?' meddai 'i thad. 'Dydi o ddim yn enw cyffredin yn y Gogledd 'ma. Nid *Mary* Samuel fasa' hi?'

'Mi ddeudodd pan welodd hi lun carreg fedd Mary Rowlands, "Mary Rowlands oedd f'enw i erstalwm",' meddai Gaenor, yn gyndyn am fod y dywediad wedi dychryn cymaint arni hi.

117

'Dyna pwy ydi hi,' meddai'i thad yn bendant.
'Mrs. Rowlands ydi hi o ddifri'. Ond mi aeth ei
gŵr a'i gadael hi, a debyg ei bod hi wedi mynd
yn ôl i'w henw cyn iddi briodi.'

'Roedd hi'n deud y gwir felly!' Teimlai
Gaenor ryddhad mawr o glywed bod yna
eglurhad syml i honiad oedd wedi swnio'n
orffwyll. 'Oeddech chi'n 'i nabod hi, Dadi?'

'Prin hynny, ond roedd ei thad hi'n athro
coleg ac roedd hithau'n cael ei chyfri'n eneth
ddisglair ar un adeg. Mae hi'n hŷn na fi o rai
blynyddoedd, ond mi wyddai pawb yr hanes.'

'Ac rŵan mae hi'n crwydro'r wlad,' meddai
Gaenor.

'Stori drist iawn,' meddai'i mam. 'Mae'n
debyg 'i bod hi wedi dechra' drysu yn 'i phen
pan aeth 'i phriodas hi'n ffliwch.'

'Chlywais i mo'r manylion,' meddai'i gŵr.

'Dydw'i ddim yn meddwl bod Miss Arthur yn
'i choelio hi pan ddeudodd hi mai damwain
oedd o iddi gael 'i chau yn yr eglwys dros nos,'
myfyriodd Gaenor. 'Does gynni hi ddim cartre',
Dadi?'

'Fedra'i ddim deud. Roedd hi'n byw ym
Mangor ar un adeg. Mae hi wedi colli 'i theulu
agos i gyd bellach, gre'dures.'

'Mae hi'n sôn am 'i theulu yn Llanfair-is-y-
Graig—yr Huwsiaid, a Meredydd, un o uchel-
wyr Llywelyn Fawr.'

'Fedr o neud dim iddi bellach,' meddai'i thad
yn sych, 'ac er bod yr Huwsiaid yn deulu
bonheddig yn y cylch am ganrifoedd, dwi'n
credu bod y llinach uniongyrchol wedi diweddu
ers llawer dydd. Digon posibl fod 'na ryw

118

gysylltiad pell. Ond dyn a'i helpo, mae hi'n unig iawn.'

Ochneidiodd ei wraig, ac i leddfu tipyn ar y tristwch meddai Gaenor: 'Mae hi'n gwbod *groan* llawer am gerrig beddau, ychi, neu mae hi'n *soothe* *swnio* fel petai hi beth bynnag.' Adroddodd yr hyn a ddywedasai Miss Samuel am 'bren y bywyd', a'r 'halo dwbl' a 'dylanwad Penmon'. *influence*

'Dylanwad Penmon?' meddai'i thad. 'Wel, mae o'n bosibl. Roedd 'na lawer o fynd a dŵad ar draws y dŵr 'na pan oedd y pererinion yn mynd i briordy Seiriol. Roedd ganddyn nhw feddwl o'm nawddsant i bryd hynny, ac mae ynta' wedi gadael ei enw ar safleoedd ar hyd y *patron saint* glanna' 'ma. "Dylanwad Penmon"—rhaid inni edrych i mewn i hyn. Dwi'n credu fy mod i'n cofio cyfeiriad; mi chwilia'i heno.'

'Mae Gaenor yn mynd i gyfarfod Rachel, on'd wyt, Gaenor? Mae'r ddwy yn mynd i weld merlyn Rachel a'i chwaer ar y ffarm yr ochr *pony* draw i'r maes golff.'

Doedd ei gŵr ddim yn gwrando. 'Mae'r cylch dwbl yn arwydd cysegredig ar groesau cerrig y *sacred* Ffictiaid,' meddai'n synfyfyriol. 'Dylanwad Celtaidd eto . . .'

'Unwaith y byddan nhw wedi 'madael i Erw Hen,' meddai Gaenor, 'mi fydd ganddyn nhw gae yn y cefn i gadw'r merlyn.'

'Y—Erw Hen?' meddai'i thad.

'Tŷ newydd teulu Rachel,' meddai'i mam. 'Hen dŷ mewn gwirionedd, i fyny'r allt hanner ffordd i'r Graig.'

'Mi fydd y merlyn yn 'i gynefin yn fan'no,' *familiar* cytunodd ei thad. 'Lle iawn i gadw geifr, hefyd.'

119

'Mi ddeuda'i wrth Rachel,' meddai Gaenor yn ddifrifol. Byddai gafr neu ddwy yn ychwanegiad dymunol at sw ei chyfeillion. Ond chwerthin ddaru ei thad.

'Ydi Dadi wedi gorffen 'i lyfr?' sibrydodd wrth ei mam cyn mynd allan.

'Ddim yn llawn, ond mae'r gwaith mawr wedi ei 'neud ac mae o'n dechrau ymlacio,' meddai'i mam. 'Mae o'n falch o rywbeth newydd i gymryd 'i feddwl o fel newid bach. Pa bryd mae Rachel a'i theulu'n 'madael i Erw Hen?'

'Mis nesa', dwi'n meddwl, 'chos dydi'r tŷ ddim yn barod. Mae Rachel yn deud 'u bod nhw'n siŵr o gael antur fawr wrth 'i drin o, a dŵad o hyd i drysor cudd neu sgerbwd neu rywbeth felly. A gobeithio na neith hi ddim dychryn gormod. Mi ddaru weiddi mwrdwr a diengyd am 'i bywyd pan welson ni Miss Samuel yn 'i sach gysgu bore 'ma!'

16

Roedd y merlyn bach yn bictiwr, ac roedd o a Rachel yn ffrindiau mawr. Teimlai Gaenor yn eiddigeddus ohoni'n cael mynd ar ei gefn yn y cae y tu cefn i Erw Hen, efo gafr neu ddwy, efallai, yn crwydro'r 'creigiau geirwon' uwchben. Roedd Rachel a Sarah'n hen gyfarwydd â marchogaeth, ac yn mynd am wersi bob wythnos ers blynyddoedd. Doedd ganddi hi ddim lle i gadw ceffyl yn Nhanrallt, ond hwyrach y gallai berswadio'i rhieni i adael iddi hi fynd am wersi reidio toc.

120

Roedd Rachel wedi cymryd y ffordd gyflymaf at ei chartref, ac aeth Gaenor i lawr y lôn at ffordd Gwyll. Daeth i olwg cefn Hen Gapal, a chofio'n euog braidd am ei hantur yno efo Chris. Roedd hi'n braf rŵan ar ôl glaw'r pnawn, ond roedd yr haul yn dechrau troi i waered. Wrth iddi ddod yn agosach at y ddau fwthyn gwag, cymerodd ofal i beidio â throi ei phen ac edrych tua ffenestri cefn y pellaf o'r ddau, lle roedden nhw wedi clywed y symudiadau dirgelaidd mewn tŷ wedi ei gau a'i gloi'n sownd. Roedd yn edifar ganddi ei bod hi wedi dod y ffordd yma ar ei phen ei hun. Neidiodd ei chalon i'w gwddf pan glywodd hi sŵn rhyfedd o'r ochr draw i dro yn y lôn, sŵn fel rhyw ganu isel undonog oedd yn hanner cwyno. Ac roedd 'na rywbeth arall hefyd, sŵn rhywbeth yn rhygnu yn ôl a blaen, yn ôl a blaen dros wyneb y ffordd.

O, na byddai ganddi gwmni—Chris, neu hyd yn oed Rachel! Buasai wedi ffoi yn ei hôl i fyny'r lôn, ond am funud ni allai symud. A bu'r munud hwnnw yn ddigon o hyd iddi sylweddoli mai llais daearol oedd yn canu, ac mai olwynion ysgafn o rwber a metel oedd yn rhygnu dros darmac y ffordd. Ac roedd rhywbeth yn gyfarwydd yn y ddau sŵn. Aeth ar flaenau'i thraed yng nghysgod y gwrych at goeden wern a dyfai ar y tro, a chiledrych trwy ei brigau.

Fel roedd hi wedi amau bellach, Miss Samuel oedd yno â'i chefn at Gaenor, efo'i chwd mawr ar droli. Roedd hi'n ei wthio yn ôl a blaen yn dawel gan suo-ganu, yn union fel petai hi'n siglo babi i gysgu yn ei bram. Roedd Gaenor wedi gwneud yr un peth efo dol hyd yn ddiweddar, a gallai ddychmygu'n iawn mai

121

plentyn bach oedd bwndel Miss Samuel druan. Ond roedd gweld dynes ganol oed yn chwarae gêm fel yna efo'i hun yn rhyfedd. Roedd o'n ddigri' mewn ffordd ond roedd o'n codi tipyn o ofn arni hefyd. Fedrai hi ddim deall geiriau'r gân; roedd hi mor ddistaw. Plygodd Gaenor ymlaen i wrando, ac fe gleciodd brigyn o dan ei phwysau.

Sythodd cefn Miss Samuel, a pheidiodd â siglo'r bag ar unwaith, hyd yn oed cyn iddi droi ei phen. Doedd dim amdani ond i Gaenor fynd rownd y tro a dangos ei hun mor naturiol ag y gallai.

'Hylô,' meddai, a thrio gwenu. Syllodd Miss Samuel yn amheus arni heb ateb am funud, fel petai hi'n bell i ffwrdd yn rhywle o hyd. Roedd ei hedrychiad diffocws yn gwneud i Gaenor deimlo fel brysio nerth ei thraed oddi ar ei ffordd, ond sefyll ei thir a wnaeth hi.

'Chi oedd yn y fynwent yn tynnu lluniau,' meddai Miss Samuel toc, gan swnio ac edrych yn debycach i bobl eraill.

'Lluniau eneidiau,' cytunodd Gaenor, i ddangos ei bod hi wedi dysgu'r wers, a gloywodd wyneb y wraig.

'Nabod yr eneidiau, dyna'r peth,' meddai. 'Dysgu darllen yr hen gerrig. O Angau, pa le mae dy golyn?' Yn ddirybudd, newidiodd ei gwedd, ac aeth rhyw hiraeth a gofid dros ei hwyneb fel cysgod. Ond yr eiliad nesa', roedd hi'n gwthio'i phac yn sionc i lawr y lôn, a bu raid i Gaenor gyflymu ei chamau i gadw i fyny â hi.

'Mi wyddoch chi lle ydi fan'ma?' meddai Miss Samuel wrth iddyn nhw gyrraedd talcen yr adeilad: 'Yr Hen Gapel.'

'Y capel hynaf yn Llanfair-is-y-Graig,' meddai Gaenor.

'Mi rydw' i'n hoffi'r Hen Gapel,' meddai'r wraig yn freuddwydiol. 'Mae o'n hyll rŵan; weiren bigog a rhwd haearn. Ond mi fydda' i'n anghofio hynna i gyd wrth glywed sŵn y canu. Mae 'na fendith i'w chael yma. Cofia, fydda'i ddim yn licio'r dyn 'na'n tynnu pennau.'

Roedd ffordd Gwyll yn dechrau mynd yn drymaidd yn barod yng nghysgod y coed, ac roedd Gaenor yn falch o glywed lleisiau o gyfeiriad y maes golff.

'Paid â bod ofn, paid â bod ofn,' meddai Miss Samuel. Sylwodd Gaenor ei bod hi wedi newid i 'ti' wrth siarad â hi. 'Mae *hi*'n mynd heibio weithia', ond dydi hi ddim yn gwneud drwg i neb, heb sôn am blentyn. Hiraeth sydd arni, hiraeth mawr.'

Daeth sŵn car, ac yn ddisymwth roedd Miss Samuel wedi diflannu. Tra oedd Gaenor yn edrych yn ansicr o'i chwmpas, cythrodd y car heibio, ac ymddangosodd y grwydrwraig gyda'i chwd-ar-olwynion ym mhen y lôn. Doedd hi ddim ond wedi llithro'n sionc rownd y gongl pan glywodd hi dwrw'r cerbyd.

'Roedd hi'n annwyl,' meddai Miss Samuel o dan ei gwynt, 'angel bach ar y ddaear, ond welodd o ddim gwerth ynddi hi nes roedd hi'n rhy ddiweddar.'

'Dwi'n mynd adre' rŵan, Miss Samuel,' meddai Gaenor, 'neu mi fydd Mam yn meddwl fy mod i wedi mynd ar goll.'

'Wyt ti'n byw yn agos?' gofynnodd y wraig mewn llais cyffredin.

123

'Dim ond yr ochr draw i'r maes golff. Nos dawch, Miss Samuel.'

'Nos dawch.' Symudodd hi ddim, a phan edrychodd Gaenor yn ôl o waelod yr allt roedd y ffurf od, wedi ei gwisgo mewn *poncho* llaes a het dyn, yn dal i sefyll yno gan bwyso ar garn ei throli y tu allan i Hen Gapal.

'Doedd arnat ti ddim ofn?' gofynnodd ei mam.

'Dipyn bach,' cyfaddefodd Gaenor. Petrusodd am funud. 'Ddim ohoni hi; mae hi'n ffeind. O rai o'r petha' mae hi'n ddeud, fel y "dyn yn tynnu penna".'

'Siarad am Hen Gapal oedd hi, yntê?'

'Ie, deud 'i bod hi wrth 'i bodd efo sŵn y canu.'

'Pregethwr oedd "y dyn tynnu penna", siŵr i ti. Fel'na fyddai'r hen bregethwyr yn trafod 'u testun: dal sylw ar y naill agwedd o'r pwnc ar ôl y llall, un, dau, tri—mae dy dad yn gneud yr un peth wrth sgwrsio am 'i faes 'i hun. Ar ddechra'r bregeth mi fyddai'r pregethwr yn deud wrth ei wrandawyr sut roedd o am rannu'r bregeth o dan wahanol benawdau, a dyna fyddai "tynnu penna"'.'

Nodiodd Gaenor, yn falch bod eglurhad diniwed i ymadrodd a swniasai mor erchyll.

'Ond does bosib 'i bod hi wedi clywed canu na phregeth erioed yn Hen Gapal,' pendronodd ei mam. 'Mae'r lle'n adfail.'

'Dydi Mrs. Owen ddim yn cofio neb yn byw yno, ac roedd o'n ddau dŷ cyn hynny. Mae o'r un fath â deud bod y milwyr wedi 'i styrbio hi ar eu ffordd i'r Dalar Hir ym 1647!'

124

'Y frwydr olaf ar dir Cymru! Debyg ei bod hi'n
gwybod mor dda am yr hyn a ddigwyddodd yn
yr hen addoldai, maen nhw fel petaen nhw'n
dŵad yn fyw iddi. A'r busnes 'ma o siglo troli—
ella ei bod hi wedi colli plentyn ei hun.'

Roedd meddwl peth felly'n gwneud i Gaenor
deimlo'n drist ddifrifol. 'Dwi'n credu 'i bod hi'n
sôn am y bwgan, ychi, pan ddeudodd hi 'i bod
"*hi*" yn mynd heibio, ond nad oedd hi'n gneud
dim drwg i neb.'

'Bwgan?' meddai'i mam yn syn, ac adrodd-
odd Gaenor yr hyn a ddywedasai Mrs. Owen,
mai gwraig wedi colli ei phlentyn oedd ysbryd
ffordd Gwyll.

'Hwyrach mai siarad amdani'i hun roedd hi,
gre'dures.'

Doedd Gaenor ddim yn deall hynny'n iawn.
'Roedd hi'n cofio 'ngweld i yn y fynwent y dydd
o'r blaen, ond ddeudodd hi ddim am yr eglwys
bore 'ma.'

'Paid â phoeni amdani hi, cariad. Ond mae'n
bechod meddwl amdani'n crwydro'r wlad yn y
cyflwr yna.'

Bore drannoeth aeth Gaenor a'i mam ati i
goginio ar gyfer y picnic. Gwnaeth Mrs. Griffith
pâté a chacen ffrwythau, a gwnaeth Gaenor
gacennau bach a bisgedi.

'Mi ddechreua'i neud crwst haenog rŵan, a'i
grasu o bore 'fory,' meddai'i mam. 'O daria!'

'Be' sy'?' gofynnodd Gaenor, gan wylio'r
bisgedi trwy'r gwydr yn nrws y popty. Roedden
nhw'n codi'n dda, ac yn cadw'u siâp yr un pryd.

'Rydw'i wedi gadael i dy dad fynd allan heb fy nau lyfr i o'r llyfrgell. Maen nhw i fod yn ôl erbyn heddiw, ac roeddwn i wedi meddwl yn siŵr gofyn i Dadi eu taro nhw i mewn imi ar 'i ffordd yn ôl o Fangor, rhag imi orfod talu clamp o ddirwy.'

'Mi a'i â nhw i'r llyfrgell, ond i chi gofio tynnu'r bisgedi o'r popty pan fyddan nhw'n barod. Mae gen i lyfr i'w newid hefyd.'

'Na, mi bicia'i i lawr heno,' meddai'i mam. Ond yn y diwedd gadawodd iddi fynd, a dweud wrthi am ofyn i Mrs. Williams y llyfrgellydd ddewis dau lyfr arall yn eu lle.

Ar ei ffordd yn ôl, croesodd Gaenor y bont a dechrau dringo'r allt fawr at Fryn Eglwys. Roedd hi wedi clywed bod 'na gastell ar lan y ffrwd rywle'n agos i fan'ma yn oes y tywysogion. O waelod yr allt, edrychai'r eglwys ei hun braidd fel castell ar fryn, a'r pen agosaf iddi bron ar ymyl dibyn. Wrth droed ei mur dwyreiniol, syrthiai'r tir yn serth at lan yr afon. Cyn i'r gwyliedyddion edrych o'r bryn tua'r dwyrain am arwyddion y Saeson yn dod o gyfeiriad Braich-y-Ddinas, cyn i'r hen sant blannu ei groes yn y llan, a gweddïo am eneidiau trigolion y dyffryn, roedd y tanau wedi llosgi ar ben y rhiw er mawl i'r hen dduwiau.

Ac wrth i drem Gaenor symud o'r cae wrth ochr yr afon i fyny'r allt werdd uchel, a thalcen yr eglwys uwchben iddi hyd ei tho, gwelodd rywbeth y dylai fod wedi sylwi arno ers wythnosau. Yn ei syfrdandod, safodd am funud â'i gwynt yn ei dwrn. Wedyn ymlaen â hi nerth ei thraed at gât yr eglwys ar gopa'r bryn.

'Lle aeth y llyfra' archaeoleg?' gofynnodd tad Chris.

Cododd Chris ei ysgwyddau'n sarrug a dweud rhywbeth o dan ei ddannedd am y llyfrgell. Gan fod gwreichionen fach o falais yn llygad ei dad, roedd Chris yn falch o weld fen yn aros y munud hwnnw wrth eu gât.

'Yncl Cled!' Aeth i agor y drws i'w hoff ewythr.

'Chris, wyt ti'n rhydd pnawn Sadwrn nesa' 'ma?'

'Ydw.' Mynd i'r mynydd i sgota, meddyliodd yn eiddgar.

'Mae gen i job iti. Na, 'na'i ddim eista'; dwi ar frys.'

'Be' felly?' Doedd Chris ddim am wrthod gwaith.

'Dwi'n gweithio i fyny yn Erw Hen i Mr. Daniel. Mae'n goblyn o job fawr, moderneiddio hen le fel'na. Dwi'n tynnu'r hen le tân pnawn Sadwrn, ac mi fydd arna'i eisio help llaw.'

'Be' ŵyr Chris am waith fel'na?' gofynnodd ei dad.

'Mi ŵyr sut i wthio berfa, a dyna gimint ag sydd arna'i eisio iddo fo'i neud: rholio'r ferfa'n ôl a blaen a'i llond o gerrig a sbwriel o'r tŷ i'r fen. Mi dala' i'n eitha' teg iti, 'ychan. Be' amdani? O.K?'

'Reit,' meddai Chris.

'Mae gen ti ddynion yn helpu hefyd?' meddai tad Chris.

'Wel oes gobeithio! Jim Tyddyn Isa', ac Wmffra ella—Jim wedi bod yn friclar ar hyd 'i oes, ti'n gwbod. Mae'r hen Wmffra wedi mynd i dipyn o oed a does dim llawer o awydd gwaith arno fo'r dyddia' yma. Mi fedrwn i neud efo dyn iau, ond iddo fo beidio â bod ofn baeddu'i ddwylo, achos mae hi'n andros o job fudur.' Ciledrychodd ar ei frawd-yng-nghyfraith.

Petrusodd tad Chris. 'Ôl reit. Mi ddown yn dau.'

Roedd Chris yn siomedig braidd. Byddai'n fwy rhydd efo'r dynion eraill ac yn teimlo'i hun yn fwy o ddyn heb ei dad. Gwyddai hefyd nad oedd ei dad erioed wedi gweithio fel labrwr o'r blaen, a bod derbyn y cynnig yn galed iddo. Roedd o'n brifo Chris dipyn hefyd, o wybod pa mor falch y bu ei dad o'i gyfrifon trefnus a'i statws yn ei ffyrm. Ond os âi'r ddau efo'i gilydd am bnawn, haws fyddai trin y gwaith fel rhyw fath o sbri teuluol.

'Grêt,' meddai Yncl Cled. 'Mi fydd gen i ddau brentis felly. Ond fydd hi ddim yn job mor anodd â hynny—tynnu'r hen rât o'no a gosod trawst dur, *girder* ychi, i ddal y nenfwd os bydd angen. Ond yn yr hen dai 'ma dydach chi byth yn siŵr be' ddowch chi ar 'i draws o. A gobeithio na fydd Mrs. Daniel ddim o gwmpas; mae hi'n fusneslyd ofnadwy ac ar binna' rhag ofn inni—' cododd ei lais octef yn sydyn ac aeth ei acen yn fain—'—"ymyrryd â rhywbeth o werth hanesyddol".'

'Mi soniodd Sylvia rywbeth amdani hi,' meddai tad Chris. 'Oes 'na ddwy ferch yno, gennod ysgol? Maen nhw'n dipyn o ffrindia efo hogan fach Tanrallt.'

Prin roedd Yncl Cled wedi mynd na chanodd y gloch yn uchel, a bu curo mawr ar y drws ffrynt. Aeth Chris i ateb ar frys, a fferru pan welodd o pwy oedd yno.

'Chris, paid â chau—plîs!' ymbiliodd Gaenor. Doedd Chris ddim wedi symud yn fwriadol i gau'r drws, ond dichon nad oedd o'n edrych yn groesawgar iawn 'chwaith. 'Mae hyn yn bwysig ofnadwy. Dwi wedi dŵad o hyd i rywbeth! Oes gen ti ysgol?'

Oedodd Chris cyn ateb yn oeraidd: 'Does gynnoch chi ddim ysgol yn eich tŷ chi?'

'Ond mae'n tŷ ni'n *bell!* O *Chris—*' Crynodd llais Gaenor, a llanwodd ei llygaid â dagrau.

'Well iti fynd rownd y cefn,' mwmiodd Chris yn frysiog. 'Mae hi bron yn amser cinio!' galwodd, ond roedd Gaenor wedi diflannu heibio i dalcen y tŷ heb gymryd sylw o'i brotest.

'Honna neith y tro yn iawn. Dwi'n siŵr y bydd hi'n ddigon o hyd, a fydd hi ddim yn drom i'w chario,' meddai Gaenor ar ôl edrych ar y ddwy ysgol yn y cwt.

'I be' wyt ti 'i heisio hi pa 'r un bynnag?'

'Mi gei di weld mewn dau funud.'

'O felly wir. Dau funud 'ta.' Edrychodd Chris yn awgrymiadol ar ei wats. Plygodd ei freichiau a sefyll fel delw.

'Chris, paid â bod yn gas! Rhaid iti ddŵad efo mi.'

'Os wyt ti'n meddwl y do'i i stompio yn yr hen fynwent 'na eto—' Ond i be' ar y ddaear roedd arni hi eisio *ysgol* yn y fynwent? Roedd Chris yn dechrau teimlo'n chwilfrydig ar ei waetha'.

'Does dim eisio i ti neud dim ond helpu cario'r ysgol a'i dal hi tra bydda'i'n dringo.'

'Pam na ofynni di i dy dad?'

'Mi fasa hynny'n difetha popeth! Rhaid inni neud hyn ar yn penna'n hunan. O Chris, mae hyn yn beth mawr, wsti. Dyro help imi, plîs!'

Gwgodd Chris arni. O'r diwedd, cododd ei ysgwyddau'n anniolchgar. 'Dal y drws yn 'gored imi.'

Dros y ffordd i gât yr eglwys, gollyngodd Gaenor un pen i'r ysgol a rhedeg i agor y llidiart. Croesodd yn ei hôl, gan edrych i'r dde ac i'r aswy a sylwi nad oedd fawr neb o gwmpas. Dim ond dau neu dri o gwsmeriaid y Britannia Inn a'r siop groser ar gongl Bryn Eglwys safodd yn syfrdan wrth weld bachgen sarrug yn bras-gamu ar draws y ffordd gan ddwyn ysgol, a geneth lai na fo'n trotian yn frysiog ar ei ôl gan wneud ei gorau i ddal ei gafael yn un pen i'r ysgol.

'I b'le rŵan?' gofynnodd Chris wedi i Gaenor gau'r gât.

'Y pen acw.' Pwyntiodd Gaenor i ymyl dwyreiniol y fynwent. Martsiodd Chris yn ei flaen, ac er nad oedd ei gefn o'n edrych yn faddeugar iawn o hyd, roedd Gaenor wedi rhoi'r gorau i boeni am ei dymer flin. Yn ei chyffro roedd hi fel petai'n cerdded ar yr awyr. 'Chris!' galwodd. 'Stopia am funud. Dyma'r angel. Sbïa arno fo, cyn inni fynd dim pellach.'

Ufuddhaodd Chris. Roedd ei fam a Gaenor wedi dweud y gwir wrth honni bod ganddo lygad da, ac wrth dynnu llun y garreg fedd roedd o wedi argraffu'r ddelwedd ar ei gof ei hun. Ond trawodd yr wyneb rhyfedd o o'r newydd yng ngoleuni canol dydd. Nodiodd Chris yn gwta a throi'i gefn arno, gan ailgydio yn yr ysgol.

130

'Rownd y gongl,' meddai Gaenor, a dyma droi i'r chwith heibio i dalcen dwyreiniol yr eglwys. Dim ond rhimyn cul o dir, rhyw lathen o led, wedi ei balmantu â hen gerrig beddau gwastad, oedd rhwng gwaelod mur yr eglwys a'r dibyn gwyrdd a syrthiai'n syth bron at y maes ar lan yr afon. Doedd dim ond gwacter rhyngddyn nhw a llethrau'r Graig ar yr ochr draw i'r dyffryn. Ond nid ar yr olygfa tua'r dwyrain yr edrychodd Gaenor, ond i fyny ar ffenest yr eglwys.

Syllodd Chris i fyny hefyd. O'r diwedd, trodd ati heb ddweud dim. Roedd 'na awel ffres yn chwythu ar ymyl agored y bryn, ac roedd gweld y cymylau'n hedfan yn gyflym ar draws yr awyr las yn gwneud iddo deimlo'n rhyfedd braidd.

'Wyt ti'n 'i weld o?' Roedd Gaenor yn symud o'r naill droed i'r llall yn ei chyffro. 'Dwyt ti ddim yn 'i weld o'n debyg?'

'Ydw,' cyfaddefodd Chris. 'Mae o'n debyg.'

'Wnes i ddim meddwl am edrych yn y pen yma! Roedd Miss Arthur wedi deud mai dim ond y talcen arall, twr y gloch, oedd yn rhan o'r hen eglwys. Mae'r pen yma reit newydd. Dyna pam na 'drych'is i ddim!' parablodd Gaenor. 'Wel, *dywed* rywbeth, Chris!'

'Mae'r rheina'n hen iawn,' meddai Chris, 'dwi'n meddwl.'

O bobtu i'r bwa carreg uwchben y ffenest roedd corbel ar ffurf pen. Roedd y ddau ben hyn yn fwy syml na'r pedwar uwchben y ffenest orllewinol, heb y penwisgoedd canoloesol, ac roedden nhw'n dangos llawer mwy o draul amser a thywydd garw. Wedi'r cwbl, roedden nhw wedi wynebu'r dwyrain yn ddigysgod ers blynyddoedd lawer.

'Hwnna,' meddai Gaenor, gan bwyntio i'r chwith. Roedd gan yr un ar y dde arwyddion o wallt yn tonni, ac roedd ei wyneb yn debycach i wyneb dynol.

'Elli di ddim bod yn siŵr,' meddai Chris.

'Fedra'i mo'i weld yn iawn o fan'ma,' meddai Gaenor. Eitha' gwir: roedd rhaid sefyll yn rhy agos i'r wal, ac edrych bron yn syth i fyny. 'Dyna pam roedd arna'i eisio'r ysgol. Dal di hi imi, Chris.'

'Dwyt ti ddim am ddringo at hwnna!' meddai Chris mewn braw. 'Cymer di ofal! Mae 'na le sobor o beryg yma.' Doedd y silff gul wrth droed y wal ddim yn lle i blannu ysgol arno, efo'r clogwyn syth odani a dim hyd yn oed wal isel ar hyd yr ymyl.

'Dydi'r ffenest ddim yn uchel. Mi neith yr ysgol gyrraedd yn iawn, mi gei di weld.' Roedd Gaenor yn straffaglio i godi'r ysgol fel petai Chris heb siarad.

'Dyro hi i mi.' Doedd hi ddim yn hawdd dod o hyd i le i osod yr ysgol rhwng y cerrig beddau. Wedi ei hagor hi, roedd ei gris isaf yn bur agos i'r ymyl. A 'tasa hi'n digwydd symud, meddyliodd Chris, mi fasa'r llechi 'na'n llithrig gynddeiriog . . . Gwnaeth hi mor gadarn ag y gallai, gan osod ei thraed yn y pridd rhwng y beddau fel y byddai'r cerrig yn ei dal yn gryf yn ei lle.

'Reit. Mi a'i i fyny.' Roedd hi'n wir y gallai weld y pen carreg wrth ymyl heb ddringo i'r gris uchaf. Cododd ei lais, gan fod y gwynt cryf a'r lle agored yn cipio'i leferydd a'i luchio i'r

132

gwacter. 'Dwyt ti ddim i ddringo. Wyt ti'n dallt? Dal yr ysgol imi, dyna hogan iawn.' Ymatebodd Gaenor i'r awdurdod anghynefin yn ei lais, er ei bod hi'n edrych yn siomedig braidd, a dringodd Chris yr ysgol.

Roedd o wedi clywed mai'r peth gorau i'w wneud wrth ddringo oedd peidio ag edrych i lawr, a doedd edrych i fyny ar yr awyr, lle roedd y cymylau'n gyrru mor wyllt, ddim yn saff iawn 'chwaith. Syllodd yn syth o'i flaen a cheisio anghofio'r dibyn y tu cefn iddo. Teimlai'r ysgol yn eitha' cadarn, dim ond bod y gwynt yn chwythu mor gryf. Doedd y ffenest ddim yn dal, a daeth at ymyl y pen heb orfod mentro'n rhy uchel.

'Chri-i-is!' Cododd llais Gaenor yn fain. 'Wyt ti'n iawn?'

'Ydw.' Yn ddifwriad roedd o wedi tremio i lawr. Camgymeriad: bu raid iddo ddal ei afael yn dynn yn ochrau'r ysgol. Pan ddaeth ei fol yn ôl i'w le yn weddol saff, agorodd ei lygaid.

Roedd o'n hen gyfarwydd yn barod â nod-weddion y pen: y siâp fel gellygen, y talcen isel yn cysgodi top y trwyn cul trionglog, y llygaid mawr syn â'u hamrannau fel fffrâm sbectol, y geg gul, ddiwefus bron, yn gwenu'n gam. Roedd y cyfan wedi ei fwyta a'i staenio gan y gwynt a'r glaw a'r barrug a chen y cerrig, ond roedd 'na rym ynddo o hyd.

Daeth Chris i lawr yr ysgol yn bwyllog a sefyll â'i gefn at y gwacter. 'Mae o'n debyg, ac yn gwenu tipyn. Ond does gynno fo ddim dannedd ac mae'i geg o'n gam, oldi.' Edrychai Chris braidd yn llwyd, gan gyffro efallai. 'Mae'r llyg'id

133

yn debyg, a'r talcen, fel tasa fo'n gwisgo
sbectol.'

'Rhaid imi gael 'i weld o'n iawn. Dal di'r
ysgol.'

Wrth iddo yrru'i gar i fyny prif stryd y dreflan,
sylwodd Dr. Griffith ar wraig yn cerdded yr un
ffordd â fo, wedi ei llwytho â dau fag â'u llond o
nwyddau. Roedd 'na rywbeth yn gyfarwydd yn
ei chefn a'i hosgo, a stopiodd Dr. Griffith ac agor
drws chwith y car.

'Rydach chi o dan ych baich, Mrs. Y—. Ga'
i'ch danfon chi adre'?'

'Wel wir, rydach chi'n ffeind iawn, Dr.
Griffith.' Neidiodd Mrs. Owen i mewn a chau'r
drws.

'Dydw'i ddim yn siŵr lle 'dach chi'n byw,
'chwaith.'

'Dim angen ichi fynd o'ch ffordd. Rydach
chi'n pasio pen y stryd—Bryn Eglwys.'

Trodd y car dros y bont ac i fyny'r allt fawr.
Gan fod Dr. Griffith â'i lygad ar y ffordd, a Mrs.
Owen â'i bryd ar wneud sgwrs â fo, edrychodd
yr un o'r ddau i'r dde, lle roedd Chris yn dal yr
ysgol i Gaenor, a hithau'n dechrau dringo i fyny
talcen yr eglwys.

'O sobrwydd,' meddai Chris o dan ei wynt. 'O
mam annwyl.' Doedd Gaenor ddim yn edrych
yn nerfus, ac roedd y pymps am ei thraed yn
glynu'n eitha' cadarn i bren y grisiau. Ond
doedd o ddim yn licio ei gweld hi'n mynd yn
uwch. Doedd o ddim yn licio edrych i fyny ei

hun, a gweld symudiad cyflym y cymylau uwch-
ben to'r eglwys. Y munud hwnnw, gwnaeth
Gaenor yr un camgymeriad â fo. Cododd ei
phen er mwyn gweld pa faint yn uwch roedd
rhaid iddi dringo eto. Gwelodd Chris ei choesau
byr solet, yn eu trowsus brown a'u socs gwyn,
yn crynu.

'O sobrwydd,' sibrydodd Chris. 'O nefi blŵ.'
Fflachiodd darlun ar draws ei feddwl: Gaenor
yn cwympo oddi ar yr ysgol, yn syrthio heibio i
ymyl y silff a disgyn yn glwt yng ngwaelod y
dibyn; yn gorwedd yn swp disymud ar y glas-
wellt lle roedd y defaid yn pori. Roedd o mor fyw
yn ei ddychymyg â phetai wedi ei weld o ddifri'.
Gafaelodd Chris yn ochrau'r ysgol a chau'i
lygaid gan deimlo'r chwys yn llifo i lawr ei
dalcen a'i wefus uchaf.

Ond pan fentrodd o edrych i fyny drachefn,
roedd Gaenor wedi cyrraedd y gris uchaf ond
un. Roedd o wedi gwneud iddi addo nad âi hi
ddim uwch, gan nad oedd 'na ddim iddi afael
ynddo. 'Rwyt ti'n ddigon agos rŵan,' galwodd.

'Ydw!' Daeth ei llais i lawr ato'n fain ond yn
ffyddiog. Ar ôl hynny doedd 'na ddim ond sŵn
y gwynt.

Ydw, dwi'n agos ato, meddyliodd Gaenor.
Gwyddai ym mêr ei hesgyrn fod hwn yn hŷn
na'r wal, yn hŷn na gweddillion yr hen eglwys,
yn hŷn na'r llan lle roedd y sant wedi plannu ei
groes. Roedd o wedi edrych tua'r dwyrain ers
amser maith, heb sylwi dim ar y newid yn y
dyffryn: y stryd yn tyfu a'r siopau a'r capeli'n
codi, a'r tai yn dringo llethrau'r bryn. Doedd o'n
gweld dim ond y Graig, a'r haul yn codi bob
bore. Ac roedd o'n myfyrio, ac yn gwenu ei wên

135

gyfrinachol, heb neb i'w weld yntau. Os oedd ganddo fendith i'w rhannu, doedd neb yn ei derbyn.

'Chris!' Swniai'i llais yn bell i ffwrdd am fod y gwynt mor uchel. 'Wnei di afael yn 'y nhraed i?'

'Gwylia-a-a!' Ond estynnodd Chris ei freich-iau i fyny a gafael yn ei dwy ffêr. Petai hi'n syrthio, mi awn innau efo hi, meddyliodd yn ddigofus. Roedd hi'n cyrraedd allan, gwelodd, er mwyn cyffwrdd â'r wyneb carreg.

I Gaenor roedd gorfoledd ei darganfyddiad yn gymysg rywsut â miri'r awyr las a gwyn ac ymyrraeth swnllyd y gwynt, a'r dyfnder rhyngddi a glan yr afon lle porai'r defaid. Teimlai'i hun hanner ffordd rhwng nef a daear, er nad oedd yr ysgol y safai arni yn ddim ond yr un a ddefnyddiai Mrs. Owen o gwmpas ei thŷ. Estynnodd ei bys at y tro yng ngheg y duw, a theimlo'r twll yn ei gongl.

Ar yr ochr draw i'r afon, lle codai'r tir y tu cefn i brif stryd y dreflan, roedd Mr. Arfon Ellis, llywydd y Gymdeithas Hanes, yn ymdroi yng ngardd ei dŷ cyn cinio ac yn torri tipyn o lysiau ar gyfer salad. Un o fanteision ei safle oedd ei fod o'n gallu edrych ar draws at dalcen dwyreiniol yr eglwys. Gwnâi hynny'n aml, â llygad defos-iynol hanesydd ac eglwyswr selog. Y diwrnod hwnnw, cododd ei ben ar ôl dadwreiddio letysen, a safodd yn syfrdan. Roedd bachgen yn sefyll ar ysgol tu allan i'r ffenest ddwyreiniol. Er bod rhyw chwarter milltir neu fwy rhwng tŷ Mr. Ellis a'r eglwys, gallai weld mai crwt main oedd o, annhebyg iawn i Gwynfor Davies, y gŵr tal

cyhyrog a arferai lanhau ffenestri'r eglwys.
Rhyw gynllun creu gwaith i'r ifanc, efallai?
Aeth Mr. Ellis yn ei flaen at y gwely llysiau a
thorri tipyn o deim a chennin syfi, ond doedd ei
feddwl ddim yn esmwyth. Edrychodd eilwaith
tua'r eglwys, a'r tro yma ni allai amau bod
rhywbeth rhyfedd iawn yn digwydd draw ar
ymyl dwyreiniol y fynwent. 'Plentyn!'
ebychodd o dan ei wynt. Stwc byr mewn
trowsus tywyll a chrys golau oedd yn dringo'r
ysgol erbyn hyn—p'un ai bachgen ynteu eneth,
ni fedrai Mr. Ellis ddweud. Roedd y llall yn dal
yr ysgol bellach. Gwyliodd Mr. Ellis esgyniad
graddol y ffurf fechan am funud, heb allu tynnu
ei lygad oddi arni. Yna sychodd ei dalcen,
cododd ei fasged a'i gyllell ac aeth ar frys i lawr
y llwybr i'r tŷ.

Yng ngorsaf yr heddlu, canodd y ffôn.
Ochneidiodd y plismon, gan ei fod ar ganol ei
bryd, ond aeth i'w ateb. 'Ie, Mr. Ellis? Plant—yn
dringo talcen yr eglwys? Ydach chi'n siŵr?
Hwyrach fod gynnyn nhw ryw reswm da—? Na,
debyg iawn. Ond mewn gola' dydd, lle all
hanner y pentre' 'u gweld nhw! Wel ie, fel yna
maen nhw'r dyddia' hyn; dwi'n cytuno. O'r
gora'. Na, fydda'i ddim dau funud â phicio i
fyny 'na. Diolch ichi am ffônio.'

'Pam na 'nei di orffen dy ginio?' meddai'i
wraig. 'Dringo talcen yr eglwys—i be' fasa plant
yn gneud peth felly?'

'*Dare*, mae'n debyg. Unrhyw esgus i neud
d'reidi. Dyro fo yn y popty i gadw'n gynnas.
Fydda'i ddim dau funud. O'r argo!'

Roedd y ffôn wedi canu drachefn. 'O ie, Mrs.
Williams? Mae Mr. Arfon Ellis newydd riportio .

137

. . Ie, dwi'n mynd i fyny 'na rŵan. Ydi, mae peth fel'na'n beryg bywyd. Dwi'n cytuno â chi. Diolch ichi am ffônio. Pnawn da.'

Yn y fynwent cyfarfu'r plismon â'r ficer. Roedd hwnnw wedi dringo'r allt o'r ficerdy â'i wynt yn ei ddwrn ar ôl cael neges gyffrous gan un o'i braidd bod fandaliaid yn prowla o gylch yr eglwys ac yn ceisio torri i mewn trwy'r ffenest ddwyreiniol. 'Mae o'n swnio'n annhebygol iawn, cwnstabl. Pa fandal fasa'n dewis y ffenest *ddwyreiniol*? Ond roedd Miss Thomas yn bendant ei bod hi wedi gweld y plant 'ma—'

'Does 'na neb yno rŵan, syr. Os oedd 'na blant, maen nhw wedi diflannu'n llwyr. Does dim arwydd o neb o gwmpas y pen yna, na dim o'i le, hyd y gwela'i.'

Ymlaciodd y ficer. 'Diolch am hynny. Ond gan ein bod ni yma, mi fyddai'n well inni rannu'r tir rhyngom a gwneud yn siŵr fod popeth yn iawn.'

Ymhen ychydig funudau roedd y ddau wedi sicrhau bod yr adeilad fel arfer ac nad oedd neb yn cuddio yn y cyffiniau â'i fryd ar ddireidi. Ffarweliasant â'i gilydd a mynd adre'n ddiddig. Feddyliodd yr un o'r ddau, wrth gwrs, am alw yn y Britannia Inn, lle roedd y cwsmeriaid wrth y ffenest, ychydig amser yn gynt, wedi gwylio bachgen a geneth yn croesi'r ffordd yn sidêt gan gario ysgol rhyngddynt. Roedden nhw mor sobor â barnwyr; yn wir, petai'r yfwyr eu hunain wedi bod yn ddigon sobor i ddal sylw, gallent fod wedi gweld eu bod nhw'n cerdded yn fwy urddasol ddwys nag wrth gychwyn, ac yn fwy cytûn o gryn dipyn.

138

18

'Allwn ni mo'i brofi o,' meddai tad Gaenor.

'Mae o'n *bosib*?' meddai Gaenor.

'Ydi, mae o'n bosib 'i fod o'n ben Celtaidd.
Ond wyddon ni ddim o'i hanes o. Wyddon ni
ddim hyd yn oed sut y daeth o i'w safle presen-
nol. Adeiladwyd y wal ynghyd â'r rhan fwyaf
o'r eglwys yn—pa bryd oedd hi?—1855? Heb os
nac onibai mae'r pen yn llawer hŷn na hynny.'
Roedd Dr. Griffith, erbyn hyn, wedi cael golwg
ar y corbel ei hun. Doedd o ddim wedi troi
blewyn wrth glywed am antur Gaenor, er bod ei
mam wedi gweiddi mwrdwr. 'Roedd o'n ddarn
o'r hen eglwys, reit—o'r hen, hen eglwys yn ôl
pob tebyg, yr un a godwyd gan Llywelyn Fawr,
achos mae o'n fwy hynafol a chyntefig na'r
pedwar pen yn nhŵr y gloch. Ond lle roedd o
cyn iddyn nhw chwalu'r hen eglwys, ganol y
ganrif ddwytha'? Rhaid inni wrth dipyn o
ymchwil cyn y down ni o hyd i hynny—os down
ni byth.'

'Roedd o yn rhywle go amlwg, i dynnu sylw'r
saer maen pan oedd o'n torri'r garreg fedd,'
meddai Gaenor.

'Dyfalu rwyt ti eto. Dwyt ti ddim yn *gwybod*,'
meddai'i thad, ond nid yn gas. 'Doniol, hefyd,
ydi meddwl am hen bagan o dduw yn troi'n
angel. Ond mae'n debyg 'i fod o wedi twyllo
pobol 'i fod o'n sant am ganrifoedd cyn llunio'r
garreg fedd.'

'Ond roedd o'n rhan o'r eglwys am amser mor
faith, dwi'n credu 'i fod o wedi troi'n Gristion.
Dadi, rydach chi'n meddwl o ddifri' 'i fod o'n
dduw Celtaidd, on'd ydach? Y twll 'na—'

'Ond mae'r tywydd wedi gwisgo cymaint arno fo fel nad oes 'na ddim dyfnder yn y twll. Anodd iawn fyddai gwneud archwiliad trylwyr heb dynnu'r pen o'i le, a go brin y byddai'r awdurdodau eglwysig yn rhoi caniatâd inni wneud hynny heb resymau mwy pendant dros gredu ei fod o'n perthyn i'r oes baganaidd. A fasa'r fath archwiliad ddim yn profi *oed* y cerflun.'

'Does arna'i ddim isio'i styrbio fo,' meddai Gaenor.

'Na: fel rwyt ti'n dweud, mae o wedi cymryd ei le fel sant bellach—wedi ennill ei blwy'n llythrennol! Cofia, mae'r tywydd yn 'i wisgo fo'n arw mewn lle mor agored i'r ddrycin.' Chwarddodd ei thad yn sydyn. 'I feddwl bod mam Rhys a fi wedi mynd heibio i'r fan yn braf heb amau dim, a chitha' i fyny 'na'n chwilio am ben Celtaidd! Ydi hi'n gwybod bod Rhys yn ymddiddori yn y petha' 'ma?'

'Mi welodd Mrs. Owen y llythyr o Sain Ffagan, ychi, yn canmol llunia' Chris o'r garreg fedd. Wydda' hi ddim am—' Daliodd ei thafod yn sydyn; roedd hi bron wedi gollwng y gath o'r cwd a chyfeirio at y pen ffug— '—am yr ysgol, 'chos roedd hi allan ar y pryd.'

'Wel, mae o'n hogyn diddorol, dwi'n credu. Rhaid imi gael sgwrs efo fo.'

'Cofiwch 'i enw fo, Dadi: Chris, yn fyr am Christopher.' Meddyliodd Gaenor yn bryderus braidd am y lwmp carreg yn hel llwch yn y cwt gardd o hyd. Nid fod ei thad yn debyg iawn o'i weld yno; anaml yr âi o ar gyfyl y cwt gardd, gan ei fod yn ddyn hynod o ddiog ond yn ei faes ei hun. Ond fe ddylai hi gael gwared o'r pen, neu'i guddio rywsut. Pe byddai'i thad yn clywed am dwyll Chris, mi gollai bob parch tuag ato am byth!

Roedd ei thad wedi dod o hyd i erthygl ar bennau carreg hynafol yn eglwysi Môn, ac roedd hi'n wir, fel y dywedasai Miss Samuel, fod dwy garreg ym mhriordy Penmon, yn dyddio o gyfnod cyn y Normaniaid, yn dangos 'pen sant mewn halo dwbl'. 'Ella bod 'na gerrig tebyg yn yr hen eglwys. Wyddon ni ddim. Mae hi wedi ei chwalu,' meddai Dr. Griffith.

'Ond mae'r cerrig beddau—' meddai Gaenor. Beth oedd Miss Samuel wedi'i ddweud yn yr eglwys? 'Mae'r cerrig yn cofio.'

Nodiodd ei thad. 'Rydan ni'n dod yn ôl at yr un syniad: bod y cerrig beddau'n cofnodi rhai o'r pethau hynafol yn yr hen eglwys—pethau wedi eu gwreiddio yn yr hen fyd Celtaidd. Mi awn ni i Benmon un o'r dyddia' 'ma, a thrio tynnu llun o'r "pennau saint mewn halo dwbl". Be' amdani?'

'O ie, Dadi, a chael picnic!'

'Wel, Gaenor, mae dy stoc di ar gyfer yr arddangosfa'n cynyddu. Un duw Celtaidd go amheus, un angel, dau benglog hyll, tair santes ddel.' Chwarddodd Gaenor; roedd o'n swnio fel rhigwm. 'Hynny ydi, ella bod santes Jane yn ddel ar un adeg, ond mae'r greadures yn dangos effeithia' amser fel finna'.'

'Seiriol bach, fuost ti 'rioed yn sant, ond mewn enw!' meddai'i wraig.

'Dadi, ydach chi'n meddwl mai'r un cerflun-ydd wnaeth y llunia' i gyd?'

Petrusodd ei thad. 'Mae'r ddau benglog hyll yn dod o'r un stabal, gwaith eitha' pendant ond

141

amrwd iawn, a'r un amlinelliad yn y ddau.
Dwi'n cytuno â chdi a—a Chris bod na debyg-
rwydd rhwng y ddwy lechen fwya', yr angel a'r
goeden—dwy garreg brydferth.'

'A'r tair santes ddel?'

'Yn ôl pob tebyg, mae'r rheina'n gynnyrch yr
un cerflunydd neu'r un gweithdy, achos mae'r
tri chylch yr un faint yn union ac mae'r cynllun
yr un fath.'

'Ond mae gynnyn nhw wyneba' gwahanol,'
meddai Gaenor. 'Mae santes Anna yn edrych
yn fengach nag un Catherine, ac yn fwy llon.'

'Ydi, mae hi hefyd,' meddai'i mam.

'Sgwn i ydi'r "santesau" yn llunia' o Anna a
Catherine?' myfyriodd Gaenor. 'Dydw'i ddim
yn siŵr am yr "R" fawr 'na yn "Richards"
'chwaith. Mae hi'r un siort o "R" â'r un yn
"Roberts" a "Rowlands", ond dydi hi ddim yn
ffansi.'

'Ond mae'r llechen mor fechan,' meddai'i
thad. 'Doedd hi'n gadael fawr o le i frodwaith.
Mae o wedi gorfod rhannu "Richards" yn
ddwy, a gwasgu "ards" yn flêr braidd er mwyn ei
gael o i mewn. Maen nhw'n llythrennau da,
hefyd. Alla'i gredu mai'r un dyn a wnaeth y
"santesau" a'r ddwy faen fawr. Chawn ni byth
wybod i sicrwydd.'

'Ella down ni o hyd i rywbeth yn yr Archifdy,
Dadi.' Roedd ei thad yn mynd â pharti o gylch
Segontium, ac roedd am dreulio awr yn yr
Archifdy cyn hynny i chwilio tipyn yng
nghofrestr y plwyf.

'Be' sy gen ti yn dy lawes?' gofynnodd ei thad.
Roedd Gaenor yn gwenu wrthi'i hun.

'Dim byd.' Ond roedd ganddi deimlad rhyfedd bod yr angel yn dal i'w harwain hi, nid yn unig at hen dduw wedi troi'n Gristion, ond at berson. Pwy oedd o, cerflunydd yr angel a phren y bywyd a'r 'wynebau bach yn nofio mewn goleuni'? Fedrai neb, ddim hyd yn oed ei thad, roi enw na dyddiad i'r duw. Ond roedden nhw'n gwybod dyddiad y cerflunydd: 1734. Gallai'r gofrestr ddatguddio'i enw hefyd.

Roedd Chris newydd dorri'r lawnt ac roedd aroglau da lladd gwair yn yr awyr. Wrth iddo wastadu'r ymylon, manteisiodd Gaenor ar y cyfle i gael tipyn o sgwrs â fo ynghylch canlyniadau'u hantur y diwrnod cynt. Roedd ei thad wedi ffônio Mr. Arfon Ellis, ac roedd hwnnw wedi galw i'w gweld nhw, a dweud ei bod hi a Chris yn ddau garw. Roedd hi'n meddwl ei fod o'n hoffi'r syniad o hen dduw Celtaidd fel addurn i dalcen ei eglwys. Roedd Mr. Ellis yn gwybod llawer am hanes y plwyf, ac roedd o'n meddwl mai er cof am John Roberts, Tŷ Mawr, y codwyd carreg fedd yr angel. Doedd hi ddim yn hawdd bod yn sicr am fod yr enw 'John Roberts' mor gyffredin. 'Ond mi gawn ni wybod 'fory pan eith Dadi a fi i'r Archifdy,' meddai Gaenor.

'Dwi'n gweithio i Yncl Cled 'fory,' broliodd Chris. 'Coblyn o job fawr: tynnu grât yn Erw Hen.'

'Erw Hen! Tŷ newydd Rachel ydi hwnnw! Mae Erw Hen yn hanesyddol ofnadwy, wsti. Mae Rachel yn meddwl hwyrach bod 'na drysor wedi 'i guddio yno, neu sgerbwd ella.'

Chwarddodd Chris yn wawdlyd.

'Wyddost ti ddim, Chris,' protestiodd Gaenor. ''Laset ti ddŵad o hyd i ffortiwn, 'r un fath â Rheinallt yn *Gwen Tomos.*'

'*That'll be the day*!' meddai Chris. 'Fydd 'na ddigon o huddyg a phlastar a hen gerrig, a dyna'r cwbwl.'

'Ysgwn i oes 'na fwgan yno?' meddai Gaenor. 'Mae Rachel yn disgwyl y bydd 'na, ond tasa hi'n gweld ysbryd o ddifri' mi reda am 'i bywyd! Dyna 'naeth hi yn yr eglwys y bore hwnnw, ond doedd o'n ddim ond Miss Samuel yn y diwedd!'

'Ah, twp!' Safodd Chris a chymryd cam yn ôl i ystyried ei waith.

'Mae'r ymyl wedi mynd yn gam gen ti yn fan 'na, Chris. Mae 'na bigyn, yli. Wyddost ti be'? Dwi'n meddwl mai Miss Samuel oedd yn Hen Gapal y bore pan aethon ni yno.' Adroddodd hanes ei sgwrs â Miss Samuel wrth ymyl y ddau fwthyn gwag. 'Pan glyw'is i sŵn y troli 'na sy gynni hi, roeddwn i'n meddwl fy mod i wedi'i glywed o o'r blaen. Ac roedd hi'n swnio fel petai hi'n nabod Hen Gapal yn iawn. Wyt ti'n cofio'r ogla smocio yno? Mae Miss Samuel yn smocio.'

Nodiodd Chris heb oedi yn ei waith.

'Ond os hi oedd 'na,' myfyriodd Gaenor, 'sut aeth hi i mewn, a phob man wedi 'i gau'n sownd?'

''R un ffordd â ni,' meddai Chris. 'Roedd 'na rai er'ill wedi bod o'n blaena' ni.'

'Ond drws nesa' oedd y twrw! Sut aeth hi o'r naill dŷ i'r llall?'

'Does dim ond un ffordd y galla' hi fynd. Trwy'r cwpwrdd dillad yn y llofft.'

144

Syllodd Gaenor arno'n gegagored. Fflachiodd atgof o *The Lion, the Witch and the Wardrobe* ar draws ei meddwl. Ai awgrymu roedd Chris bod Miss Samuel yn ddewines o ryw fath?

'Dydi'r parad yn ddim ond pren ysgafn,' meddai Chris. 'Hawdd fasa torri drws yn'o fo.'

'Doedd 'na ddim drws,' meddai Gaenor. 'Dwi'n cofio'n iawn fod wal gefn y cwpwrdd wedi'i phapuro'r un fath â walia' er'ill y lloft, dim ond bod y bloda'n edrych yn fwy ffres. Roedd y papur wedi colli'i liw a chael 'i faeddu ym mhobman arall.'

'Ond 'taset ti'n edrych yn iawn, mi welit ddrws wedi'i bapuro'r un fath â'r wal.'

Ar ôl ennyd o ddistawrwydd, gofynnodd Gaenor: 'Sut gwyddost ti? Wyddost ti ddim. Dychmygu rwyt ti!'

'Naci. Dwi'n gwbod.'

'Sut?' Aeth Chris yn ei flaen i weithio mewn distawrwydd pryfoclyd. 'Mi eist ti'n ôl—ar dy ben dy hun!'

'Mi eis i efo dau o'r hogia' gyda'r nos. Roedd arna'i isio gwbod.'

'A ddeud'ist ti ddim wrtha'i! Slei!'

'Cheis i fawr o gyfle, naddo?' Doedd ar Chris ddim awydd ffraeo â Gaenor eto, ac roedd y tinc o ymddiheuriad yn ei lais yn ddigon i leddfu ei dicter.

'Aethoch chi trwodd i'r tŷ nesa'?'

'Do. Mae o mewn gwell trefn na'r llall o gryn dipyn. Dim olion hipis wedi bod yno.'

'Dim ond Miss Samuel. Ella 'i bod hi'n hipi o ryw fath. Mi ofynn'is i Mr. Arfon Ellis am Hen Gapal, ac mi ddeudodd o fod John Elias o Fôn wedi pregethu yno, ac mai yfô ella oedd y "dyn

145

tynnu penna'" soniodd Miss Samuel amdano fo. Mae Hen Gapal yn hanesyddol, heneb neu rywbeth fel'na maen nhw'n 'i alw fo, a does wiw iddyn nhw 'i dynnu o i lawr.'

'Mae o'n syrthio i lawr ohono'i hun,' meddai Chris, heb gofio ei fod o wedi gwneud tipyn i helpu'r broses.

Trist, meddyliodd Gaenor. Ond roedd yr haul yn tywynnu ac roedd hi'n ddiwrnod delfrydol i fynd am bicnic ar y traeth yn Sir Fôn. 'Rhaid imi fynd i helpu Mam,' meddai. 'Hwyl, Chris.'

Roedd gan Chris un gorchwyl i'w wneud cyn gadael Tanrallt y bore hwnnw, sef nôl y pen o'r cwt a'i gladdu'n ddistaw bach mewn congl ddiarffordd o'r ardd. Pan adawodd car Mrs. Griffith y garej a throi i'r ffordd, sleifiodd Chris i'r cwt, lle roedd o wedi gweld y pen yn gwenu'n giamllyd arno o'i silff wrth iddo nôl ei offer gardd yn gynharach. Roedd o'n casáu gweld y peth, ac yn dymuno ei guddio am byth.

Pan aeth o at y ffenest, roedd siâp y darn carreg i'w gweld yn blaen yn y llwch. Ond roedd y pen wedi mynd.

19

Wyddai Gaenor ddim yn iawn beth roedd hi wedi disgwyl ei weld pan ddeuai swyddog yr Archifdy â chofrestr y plwyf iddi hi a'i thad ei hastudio. Synnodd, beth bynnag, at y cloriau lledr tywyll treuliedig, a'r ogla henaint a godai wrth ei hagor a throi'r tudalennau, ac at yr ysgrifen glos henffasiwn mewn inc brown ar bapur melyn.

146

'Fedra'i ddim darllen y sgwennu,' meddai wrth ei thad, a theimlo'n siomedig iawn.

'Rwyt ti'n ôl yn yr ail ganrif ar bymtheg yn fan'na, ac mae o'n edrych yn ddiarth. Os awn ni ymlaen i'r gyfrol nesa', y ddeunawfed ganrif, ella y cawn ni dipyn mwy o oleuni ar yr achos. Dyma'r flwyddyn 1775—patrwm o drefnusrwydd!'

Ac yn wir roedd hi'n bleser edrych ar y dudalen; roedd y cofnodion wedi eu gosod allan mor ddestlus ac eglur, mewn ysgrifen gain.

'Dwi'n medru darllen hwnna'n iawn!' sibrydodd Gaenor. 'O, dacw *Judith*!' O dan y pennawd '*Sepulti*', sef y rhai a gladdwyd yn y fynwent y flwyddyn honno, roedd:

'Sept[er] ye 6th. Judith Jones, wife of Thomas Hughes of Cefnllwyn.' Roedd Gaenor wrth ei bodd yn darganfod ei bod hi'n medru dilyn cofnodion y cyfnod hwnnw mor rhwydd.

'Rwyt ti'n gweld bod 'na fwy nag un rhwystr yn codi,' meddai'i thad yn ddistaw bach. 'Gwragedd yn cadw enwau'u tad yn lle cymryd enwau'u gwŷr, a dynion yn dwyn enwau'u tad yn lle enw teuluol: John mab Robert Wiliam yn cael ei alw'n John Robert, a'i fab yntau'n Huw John neu Jones. Mae hynny'n ei gwneud hi'n fwy anodd i adnabod y perthnasau rhwng aelodau un teulu. Dal di dy afael yn y gyfrol yna, a chwilio am I.W.1754, ein "fandal cynnar". Mi af inna' trwy'r cofnodion am 1734, a gweld be' ddaw i'r fei.'

Teimlai Gaenor yn gyffrous wrth ddechrau darllen y cofnodion trefnus am 1754 o dan '*Sepulti*'. I.W. John, James, Jacob neu Jeremiah Williams fyddai'r enw, yn ôl pob tebyg. Roedd hi'n medru gweld ar fyr olwg ar y gofrestr mai dim ond ychydig o enwau oedd yn ffasiynol yr adeg hynny, a'r rhieni fel petaen nhw'n dewis enw ar fab neu ferch allan o restr o ryw hanner dwsin.

'H'm,' meddai'i thad, ac fe gododd Gaenor ei phen. 'Dyma fo'r dyn y soniodd Arfon Ellis amdano fo: John Robert, Tŷ Mawr, a gladdwyd Mawrth y 7fed. Dim byd am ei oedran. Os oedd o'n 72 ym 1734, ganwyd o ym—'

'1662,' meddai Gaenor.

'Reit.' Trodd ei thad yn ôl at gofnodion y flwyddyn honno. Ond wedi cyrraedd y dudalen berthnasol, ebychodd y ddau. Roedd rhywun wedi cymryd siswrn a thorri rhan isaf y dudalen ymaith yn ddestlus. Os bu nodyn yno'n dweud bod John, mab Robert Hwn-a-Hwn, Tŷ Mawr, wedi ei fedyddio ym 1662, roedd o wedi diflannu.

Aeth ei thad yn ôl at gofnodion 1734. 'Aros: weli di hyn?'

'John Robert *arall!*' meddai Gaenor. '"John Robert of Tyddyn Generys was buried ye 20th. day of November, 1734". Dau o'r un enw—a "Robert" ydi o, ac nid "Roberts".' Rhywun arall, wedi'r cwbl, oedd wedi ychwanegu'r 's' i arysgrif John Roberts. 'Ond p'un ydi John Robert yr angel?'

'Wyddon ni ddim, gan nad ydi cofnod y bedydd ddim gynnon ni,' meddai'i thad. 'Mi a'i i holi.' Aeth at fwrdd y swyddogion efo cofrestr yr ail ganrif ar bymtheg, a dychwelodd Gaenor at gofnodion 1754. Darllenodd: 'Jane Wiliam the Wife of John Robert of Tyddyn Generys/ Farmer/was buried April 5th.'

148

'Dadi!' sisialodd. Trodd ei thad ei ben, ac arwyddo ei fod o bron ar ddiwedd ei sgwrs â'r swyddog. Prin y gallai Gaenor eistedd yn llonydd i'w ddisgwyl yn ôl; roedd hi mor falch.

'Dadi, ylwch! Dyna pwy ydi I.W.—Jane Wiliam! Gweddw John Robert, Tyddyn Generys. Roedd Chris yn iawn yn deud nad oedd I.W. ddim yn fandal.'

'A doedd Arfon Ellis *ddim* yn iawn wrth dybio *suppose* mai bedd John Robert Tŷ Mawr oedd o. Allwn ni ddim bod yn gwbwl sicr eto, wrth gwrs. Ond mae'r cyfaill wrth y ddesg yn dweud bod 'na gofnodion llawnach—copi'r esgob—i'w cael yn y Llyfrgell Genedlaethol. Os dengys y rheini fod John Robert Tyddyn Generys wedi ei fedyddio yn y flwyddyn 1662, mi fyddwn ni'n weddol *fair* siŵr o'n petha'.'

Nodiodd Gaenor. Roedd o fel pos jigso. Ond ichi ddod o hyd i un darn allweddol, roedd y darnau eraill yn syrthio i'w lle. Roedden nhw wedi lleoli'r angel, mewn ffordd o siarad. Beth am y pot coeden, 'pren y bywyd'?

Doedd dim amheuaeth ynghylch y wraig hon. '*Mary Rowland*, wife of *Evan Tho*: was buried June 11.' Roedd hyn yn cyfateb yn llwyr *correspond* i'r manylion ar y garreg.

'Bu farw'r ddau, John Robert a Mary Rowland, o fewn deufis i'w gilydd,' meddai'i thad. 'Mae hynna'n golygu ei fod yn eitha' tebygol mai'r un saer maen dorrodd y ddwy garreg.'

'Ond pwy oedd o? Dydan ni ddim agosach at wybod hynny.'

'Mi synnwn i glywed bod 'na weithdy yn y rhan yma o Wynedd mewn cyfnod mor gynnar, rywsut,' meddai 'i thad. 'Mae'n haws gen i

149

gredu mai gwaith dyn yn y fan a'r lle ydi cerrig yr angel a "phren y bywyd". Os ydan ni'n iawn yn meddwl ei fod o wedi cymryd syniadau o bethau yn eglwys y plwy', fel cerflun y pen a'r sgrîn, mae hynny'n awgrymu ei fod o'n byw yn yr ardal ac yn gyfarwydd â'r eglwys.'

'Ydi,' cytunodd Gaenor.

'Gad inni edrych yn fanwl ar y gofrestr o 1733 hyd 1735, rhag ofn bod 'na gliw wedi'i guddio yn rhywle.'

'Mae o'n sgwennu tlws iawn,' meddai Gaenor.

'Ydi: llawysgrifen brydferth—gwaith clerc y plwy', 'ddyliwn.'

Ym 1733, a'r flwyddyn flaenorol, roedd offeir-iad y plwyf neu'i glerc wedi cymryd yn ei ben i gadw'r cofnodion yn Lladin. Am ddwy neu dair tudalen gweddnewidiwyd merched yr ardal i 'Maria', 'Elena', 'Anna', 'Margaretta' a 'Laura'. Edrychai'r canlyniad yn ddieithr iawn i Gaenor, ac i ddechrau doedd hi ddim yn medru deall yr un gair, ond dangosodd ei thad iddi nad oedd hi'n anodd adnabod yr enwau cyfarwydd yn eu gwisg estronol. Cyn diwedd 1733 roedd yr arbrawf ar ben, a Mary, Elin, Ann, Jane, Margaret a Lowri wedi mynd yn ôl i'w ffurf gynefin.

'O leiaf mae'r Lladin yn dangos bod offeiriad neu glerc y plwy' yn cyfri'i hun yn dipyn o sgolor ac yn parchu ysgolheictod,' meddai'i thad, 'ac o sylwi hefyd ar y 'sgrifen dlos 'ma—"calligraphy" oedd y gair, dwi'n credu—gallwn gasglu bod gwŷr eglwys ein plwy' ni ar y pryd yn debyg o fod yn ddynion chwaethus oedd yn hoffi pethau cain. Mi fasa dynion diwylliedig yn

150

dymuno safon dda mewn cerrig beddau fel *wish*
popeth arall oedd yn perthyn i'r eglwys. Ac mi
faset ti'n disgwyl i'r offeiriad neu'r clerc fedru
cynllunio carreg fedd—gwneud patrwm, ella, i
saer maen ei gopïo.'

Nodiodd Gaenor. Roedden nhw'n agosáu at y
person cudd, efo'i lygad da.

'Mae'n hamser ni'n dirwyn i ben,' meddai'i *to wind*
thad. 'Rhaid inni ddod yn ôl eto'n fuan.' O weld
siom Gaenor, toddodd: 'Wel, dau funud arall.' *melt*
Craffodd y ddau ar y llinellau gwastad o *plaine*
ysgrifen eglur dlos.

'Hylô,' ebychodd ei thad, 'mae 'na rywbeth *gash*
od yn digwydd yn fan'ma. Sbïa.'

Cyn diwedd 1733, peidiodd yr ysgrifen gain.
Ym mis Rhagfyr roedd rhyw law frysiog wedi
nodi mewn llythrennau blêr fel traed brain:

'william rhŷs & Mary Jones were marry'ed
10ber 1733 but did not offer according to
custom

'Hannah Richd was buried 10ber 1733'

Wedi hyn roedd llofnod yn y llawysgrifen *signature*
gain: 'Richard Humphrey Clark for Llanfair-is-
y-Graig', a'r briflythyren 'R' wedi ei haddur-
no'n goeth â throadau a dolennau fel pictiwr. O *pure*
dan y llofnod ac megis yn rhan ohono roedd y *bends*
cofnod: *links*

'hannah Richd was buried 10ber 1733'.

Roedd cynffon yr 'R' ar ddechrau 'Richd' yn *tail*
ymestyn i lawr ac yn tanlinellu'r enw 'hannah', *extend*
gan gyfarfod â chynffon yr 'h' ar ddiwedd yr *under line*
enw hwnnw a chydio'r ddau enw yn ei gilydd. *join*

Richard Humphrey. Roedd o wedi sgrifennu
ei enw ar draws y dudalen. 'Yr un "R" ag yn
"Robert" a "Rowland",' meddai Gaenor. 'Yr un

"H" hefyd, dim ond nad ydi hwnnw ddim mor ffansi. Dadi, pwy oedd hi—Hannah? 'i wraig o?'
Roedd y ddau enw wedi eu clymu yn ei gilydd yn edrych bron fel patrwm ar gerdyn ffolant.

Ysgydwodd ei thad ei ben. 'Hannah *Richard*. 'I ferch o.'

Tywynnai'r haul yn braf ar y dŵr y tu allan i'r Archifdy, ond roedd prudd-der dydd o Ragfyr yn tywyllu'r byd i Gaenor.

'Roedd 'na lawer o blant yn marw bryd hynny,' meddai'i thad. 'Os *oedd* Hannah'n blentyn: wyddon ni mo'i hoed hi. Doedd hi ddim yn briod, beth bynnag, neu mi fasen wedi dweud "Gwraig hwn-a-hwn".'

Ddywedodd Gaenor ddim, dim ond sefyll ar y cei ac edrych ar y dŵr llonydd.

Rhoddodd ei thad ei fraich am ei hysgwyddau a'i gwasgu ato. Caeodd Gaenor ei llygaid, a llithrodd dau ddeigryn i lawr ei bochau.

'Mi ddoth gwanwyn iddo fynta',' meddai'i thad. 'Mi luniodd y meini hardd 'na er cof am John Robert a Mary Rowland. Wel, o gofio'n bod ni'n brentisiaid yn dau, dwi'n credu yn bod ni wedi cael eitha' hwyl ar ein hymchwil. Dacw Gapel Mair wrth law. Be' am gael golwg ar yr hen eglwys cyn mynd am bryd o fwyd?'

20

Edrychodd mam Gaenor ar gopi o'r dudalen o'r gofrestr yn cofnodi claddedigaeth Hannah Richard. 'Dwi'n credu bod Gaenor wedi dŵad o hyd i ddigon i awgrymu mai Richard Humphrey,

clerc y plwyf, gynlluniodd y ddwy garreg fedd,
1734. Debyg 'i fod o'n bosibl mai rhywun arall
dorrodd nhw?'

'Ydi, 'ddyliwn,' meddai'i gŵr. 'Ond rywsut
dwi'n amau mai'r un llaw a dorrodd yr enw
hwn â llechi'r angel a "phren y bywyd".'
Nodiodd Gaenor yn frwd. 'Roedd y dyn yn artist
yn ei ffordd ei hun.'

'O, roedd o'n medru llunio patrymau del,'
meddai'i mam yn sych braidd. 'Ond dyn
hunanol oedd o.'

'Pam ar y ddaear wyt ti'n dweud peth fel'na?'
gofynnodd ei gŵr yn syfrdan.

'Ei enw a'i swydd ei hun wedi eu sgrifennu'n
fawr ar draws y dudalen; priflythyren anferth
grand i enw'r tad, dim priflythyren o gwbl i
enw'r plentyn—"hannah" druan.'

'Dychymyg ydi hynna,' atebodd Dr. Griffith.
'Doedden nhw ddim yn atalnodi'n ofalus iawn.
Yli fel mae'r person neu rywun wedi sgrifennu
"william rhŷs", er ei fod o'n gywir efo "Mary
Jones". Does 'na ddim cysondeb.'

'Roedd Richard Humphrey yn ddigon
"gofalus" yn cyhoeddi mai fo oedd "Clark for
Llanfair-is-y-Graig".'

'Ond sbïwch, Mam, fel mae o wedi cydio'i
henw hi wrth 'i enw'i hun, fel petai—'

'Fel petai hi'n rhan ohono fo,' meddai'i thad.

'Yn union,' meddai'i mam. 'Roedd o'n cof-
leidio'i ferch yn ei hangau, ond wn i ddim faint o
sylw roedd o wedi ei roi iddi yn ei bywyd. Roedd
o wedi cael brifo'i falchder am fod rhywun arall
wedi cofnodi marw'i blentyn o mor ddi-raen a
difater yn yr hen sgrifen flêr 'na, heb ddeud ei
bod hi'n ferch i ddyn pwysig, clerc y plwy'! Ac

wrth gwrs, roedd rhaid iddo ddangos i'r llall sut y *dylai* fod wedi cofnodi'r digwyddiad.'

'Rwyt ti'n galed ar y creadur,' meddai tad Gaenor. Roedd o wedi tynnu ei sbectol, ac edrychai'i lygaid, wrth iddo graffu'n betrusgar arni, yn noeth ac yn ddiamddiffyn.

'Hwyrach fy mod i,' meddai'i wraig yn ddistaw. 'Mae gen i deimlad mor gry' o bersonoliaeth y dyn 'ma. Alla'i gredu 'i fod o'n draul ofnadwy ar amynedd y bobol agosa' ato. "R" fawr am Fi fawr.'

'Ond yr angel, Mam,' ymbiliodd Gaenor. 'Pren y bywyd. Roedd Dadi'n deud—'

'Ie?' meddai'i mam.

'Bod gwanwyn wedi dŵad iddo fynta'.' Ni fedrai egluro. Fedrai hi ddim ond gweld, yn y cwlwm o'r ddau enw, y gwth o boen a orfododd i'r tad gyhoeddi drosto'i hun yr hyn oedd wedi ei ddweud yn foel yn barod: 'hannah Richd. was buried'. Roedd hi wedi chwilio am berson; doedd hi ddim wedi disgwyl i'r hen gofrestr agor drws am funud ar ofid a dryswch meddwl.

'Hwyrach bod rhyw angel wedi eiriol dros Richard yn ei dro,' myfyriodd ei thad. 'Cymysgedd o dda a drwg ydi pob un ohonon ni.'

'Ie, mae hynny'n wir,' meddai'i mam mewn llais addfwynach. 'Wel, be' ydi'r cam nesa' yn yr ymchwil?'

'Mae 'na lawer o waith i'w neud eto yng nghofrestr y plwy',' meddai Dr. Griffith. 'Faint oedd oed Hannah? Be' ddigwyddodd i'w thad? Mae'i lawysgrifen o'n diflannu o'r cofnodion ar ôl angladd Hannah. Hyd yn hyn wyddon ni ddim mwy o'i hanes na'i fod o wedi cynllunio dwy garreg fedd yn hanner cyntaf 1734. Ond hwyrach bod yr atebion i'w cael yn y gofrestr. Does gynnon ni mo'r amser i chwilio amdanyn nhw cyn yr arddangosfa, gwaetha'r modd. Ond chwarae teg i Gaenor a Rhys, maen nhw wedi dod o hyd i rai petha' diddorol yn barod.'

'Rhys' eto! Gwenodd Gaenor a'i mam ar ei gilydd. Doedden nhw fawr o feddwl bod 'Rhys' ar ei ffordd i ddarganfyddiad arall yn Erw Hen.

Roedd Yncl Cled a'i dîm o weithwyr wedi llafurio'n galed trwy'r pnawn o gylch aelwyd yr hen dŷ. Mwynhâi Chris ei hun yn iawn. Roedd y lle'n atseinio â thwrw offer yn curo haearn a charreg, a'r awyr yn gymylog gan lwch. Fel y syrthiai cawodydd o blastar a darnau o gerrig a phriddfeini i'r llawr, âi hwnnw'n debycach o hyd i waelod chwarel, a gorchuddiai cen o lwydni wynebau a dillad y dynion. Roedd o i gyd yn newydd a chyffrous i Chris, ac roedd o'n falch o gyfrannu o'r cynnwrf. Y naill dro ar ôl y llall, llanwodd ei ferfa â rwbel a'i gwthio allan i'r ffordd i'w dadlwytho.

Gallai unrhyw un weld nad oedd y grât a'r popty enamel llwyd yn edrych yn iawn o dan y trawst derw anferth a redai ar draws o'r naill un i'r llall o'r ddwy lechen drwchus o boptu i'r aelwyd. Roedd Yncl Cled a'i gynorthwywyr wedi llacio a thynnu ymaith y brics o gylch y grât, wedi malu'r sment oedd yn ei dal yn ei lle, a rhyddhau ymyl haearn yr aelwyd teils o'r llawr. Ond fel roedden nhw'n ei chodi hi yn ei chrynswth o'i lle, gydag Yncl Cled yn gweiddi gorchmynion a phawb arall yn rhochian yn ufudd, bu distawrwydd sydyn. Peidiodd Chris â

155

llwytho'r ferfa, a chlywed ei ewythr yn dweud o dan ei wynt:

'Dawn i'n llwgu!'

'Wel,' meddai Jim y briclar, 'dyna ddiawl o dro!'

Roedden nhw wedi disgwyl gweld lle tân agored henffasiwn y tu ôl i'r grât gymharol fodern. Yn lle hynny, roedd 'na stof ddu, grât a phopty arall o gyfnod hŷn! Byddai'n rhaid tynnu'r rhain hefyd cyn dod o hyd i'r aelwyd wreiddiol.

Bu tipyn o regi, a phan aeth Yncl Cled i ddweud wrth Mrs. Daniel, oedd yn gweithio yn yr ardd efo Sarah a Rachel, roedd hithau'n siomedig hefyd. Ond chwarae teg iddi, aeth i wneud paned o de i godi calon pawb, ac roedden nhw'n falch ohoni gan fod y llwch a'r huddygl wedi sychu'u cegau'n grimp.

Dyma fwrw iddi eto i dynnu'r ail rât i lawr. Ni fuasai Chris wedi cyfadde i neb ei fod yn dechrau blino, ond roedd ei ysgwyddau a'i gefn yn brifo gan effeithiau'r gwaith anghyfarwydd. Tybiai fod ei dad hefyd yn teimlo'r straen, ac yn dymuno'i hun yn ei gadair freichiau gartre' yn gwylio 'Grandstand'. Doedd y dynion profiadol ddim gwaeth, a chyda llawer o guro a cheibio llaciwyd yr hen stof o'i lle.

'Gwyliwch, da chi,' galwodd Mrs. Daniel o'r drws, 'rhag niweidio'r llechi o bobtu, a cherrig yr aelwyd! Maen nhw'n perthyn i'r ddeunawfed ganrif!'

'Mi fyddan yn O.K., gewch chi weld,' meddai Yncl Cled yn gwta. 'Rargian, hogia',' meddai wrth ei griw, 'mae hon yn *antique* ynddi'i hun; andros o bwysa' ynddi.' Gollyngodd yr hen

156

haearn ei afael yn gyndyn mewn niwl o rwd a huddygl, a llusgodd y dynion y stof ymaith, gan ddatguddio'r hen simdde fawr a'i dau bentan boptu i'r lle tân, a'r popty wedi ei gloddio oddi tano at grasu bara.

Rhyfeddodd y genethod a'u mam at y newid yng ngolwg y lle. 'Mae o fel llun allan o hen lyfr!' ebychodd Mrs. Daniel. Er siom i Rachel, doedd dim hanes o gwpwrdd tu ôl i bentan fel yr un yn *Gwen Tomos*, ond cytunodd ei mam a'i chwaer fod yr hen le tân yn drysor ynddo'i hun, ac yn deilwng o'i ddangos yn *Country Quest.*

'Fedrwch chi gael gwared o'r holl hen forter 'ma oddi ar yr aelwyd?' gofynnodd Mrs. Daniel.

'O, mi ddaw hwnna o'na reit rwydd,' meddai Yncl Cled, gan daro'i gaib o dan ymyl y plastr a rhyddhau darn.

'Sobrwydd!' meddai Chris o dan ei wynt. 'O mam annwyl!' Teimlai fel petai o'n breuddwydio, neu'n ail-fyw rhywbeth a welsai o'r blaen. Roedd Gaenor ym mynwent Bodfan Sant wedi troi'r glaswellt yn ôl oddi ar hen lechen, a datguddio asgell. A dyna'r union beth a ddaeth i'r fei rŵan ar y llawr lle safasai'r hen rât gynt: asgell wedi ei cherfio yn y llechen.

'Yncl Cled!' gwaeddodd Chris uwchben twrw'r dynion yn cludo'r hen stof o'r gegin. Roedd ei ewythr yn ceibio'n wyllt ar y morter, gan daro'r llechen â sŵn cas. 'Gwyliwch, Yncl Cled! Peidiwch! Mae 'na lun angel yma!'

Bu distawrwydd sydyn. Craffodd Yncl Cled ar y llinellau wedi eu torri'n gain yn y llechen. Meddai'n anghlywadwy bron: 'Dawn i byth o'r fan!'

157

Closiodd y ddwy eneth a'u mam. 'Llun angel ar yr aelwyd!' sibrydodd y naill wrth y llall, a gwasgodd y chwiorydd ei gilydd yn gyffrous wrth i Yncl Cled, yn ysgafn ac yn ofalus iawn, lithro trywel main o dan y plastr i'w godi oddi ar y llechen. Doedd y cerflun ddim yn droedfedd o led, a buan y daeth o i gyd i'r golwg.

'O sobrwydd!' sibrydodd Chris. 'Rargo!' Welodd o erioed ei Yncl Cled yn troi'n welw o'r blaen. Sgrechiodd un o'r genethod, a chiliodd y tair gam.

'Mae o'n erchyll!' meddai Mrs. Daniel, a throi'i phen ymaith. Tynnodd Rachel wep a chau'i llygaid. Ond roedd Chris wedi ei weld o'r blaen, y masg Calan Gaeaf, y benglog a'i dwy res o ddannedd yn ysgyrnygu.

'Nid angel ydi o!' meddai Sarah. 'Diafol ydi o!'

'Naci,' meddai Chris. '*Enaid* ydi o.' Roedd pawb yn mynd i banig ac roedd yn rhaid i rywun egluro iddyn nhw. Ceisiodd gofio'r hyn roedd Miss Samuel wedi'i ddweud. 'Llun o—o'r Atgyfodiad.' Er syndod iddo, trodd pawb ac edrych arno. Gwelodd syfrdandod ar wyneb ei dad. Roedden nhw fel petasen nhw'n disgwyl iddo fo esbonio'r cwbl iddyn nhw. Ond doedd o ddim wedi gwrando'n astud iawn ar Miss Samuel.

'Yr *Atgyfodiad*—hwn?' meddai Yncl Cled.

'Peth hyll gynddeiriog,' dyfarnodd Jim y briclar.

Roedd rhywfaint o forter yn cuddio rhan o'r garreg o hyd. Trawodd Yncl Cled o'n ddiamynedd, a sgubo darnau o'r neilltu. 'Duw mawr,' meddai, 'carreg fedd ydi hon.'

158

Gyda'r un teimlad o freuddwydio rhywbeth a welsai o'r blaen, darllenodd Chris: 'IOHN ROBERT. AGED 72. 1734'.

Doedd 'na ddim pennill, a doedd plu'r esgyll ddim wedi eu patrymu'n fanwl. Ar wahân i hyn, yr unig wahaniaeth rhwng y garreg hon a chofeb John Robert yn y fynwent oedd bod hon yn dangos peth dychrynllyd yn lle wyneb addfwyn yr angel.

Unwaith eto, closiodd y gwylwyr at y llechen mewn distawrwydd, ond nid yn rhy agos. Roedd wyneb Mrs. Daniel fel y galchen. Safai pawb yn llonydd, yn fud gan fraw. O'r diwedd edrychodd Rachel yn ymbilgar ar ei mam a sibrwd: 'Ydi o . . .? Ydi o . . .?' Wedi 'i dychryn gormod i grio, cuddiodd ei hwyneb ar ysgwydd ei mam. O weld hyd yn oed y dynion yn syllu'n ofnus ar y llechen, cynigiodd Chris air o gysur:

'Does 'na neb wedi'i gladdu o dan y garreg, ychi. Mae bedd John Robert yn y fynwent.'

Edrychodd pawb yn syn arno, ond gallai weld nad oedd o wedi argyhoeddi neb. 'Mae 'na sawl John Robert, neu Roberts,' meddai Yncl Cled. Cododd rhyw si. O hynny ymlaen, diystyrodd yr oedolion Chris, ac roedd y ddwy eneth, yn ôl pob golwg, wedi hurtio gormod i ddeall yr hyn a ddywedodd o.

'Bedd,' murmurodd Mrs. Daniel. 'Fedrwn i ddim meddwl am fyw yma os—'

Bu'r dynion yn ddistaw. Nid y garreg fedd yn unig, ond y cerflun arswydus a moelni'r arysgrif, heb 'Er Serchog Gof' na'r un gair o dynerwch na chysur, oedd wedi gadael argraff sinistr ar bob un ohonyn nhw.

'Pwy glywodd erioed am fedd o dan *aelwyd*?' gofynnodd Mrs. Daniel druan.

'Yr Hen Ŵr Mwyn', awgrymodd Sarah, oedd yn dod ati ei hun yn raddol.

'O Sarah!' meddai'i mam yn geryddgar. Roedd hi'n edrych fel petai ar fin llewygu.

'Mrs. Daniel,' meddai Yncl Cled, 'well i chi a'r gennod fynd o'ma a—a gneud paned o de. Rydach chi wedi cael sioc.'

Petrusodd Mrs. Daniel. 'Dydach chi ddim am—?'

'O na,' meddai Yncl Cled yn bendant. 'Mi fydd rhaid deud wrth y polîs gynta'.'

'Polîs!' Edrychodd y fam a'r plant ar ei gilydd, wedi eu dychryn mwy nag erioed. 'Ydach chi'n amau—llofruddiaeth?'

'Na, na. Rhaid i'r polîs wybod pa'r un bynnag.'

Allai Chris ddim dal rhagor. 'Mrs. Daniel,' gofynnodd, 'ga'i iwsio'ch ffôn chi, os gwelwch chi'n dda? M'arna'i isio ffônio ffrind.'

Nodiodd Mrs. Daniel, â'i meddwl yn amlwg yn bell i ffwrdd. Wrth y ffôn safodd Chris yn ansicr am funud gan geisio cofio'r rhif. Daeth i'w feddwl yn sydyn; roedd o gan ei fam ar ddarn o bapur yn y gegin, ac roedd y tri rhif olaf yn hawdd i'w cofio: 369. Er rhyddhad iddo, Gaenor a atebodd.

'Gaenor—Chris sy 'ma. Ddoi di i Erw Hen ar unwaith?—a dwad â llunia' carreg fedd John Roberts a'r *rubbings* o fynwent Sant Bodfan, y ddwy benglog, wsti. Rydan ni wedi dwad o hyd i rywbeth ac mae o'n ofnadwy o bwysig.'

'Beth ydi o?'

160

''S gen i ddim amser i ddeud rŵan. Plîs, ty'd ar unwaith.'

Eiliad o ddistawrwydd. 'Hylô, Gaenor—wyt ti yna? Wyt ti'n dallt? Dwi efo Yncl Cled yn Erw Hen, ac rydan ni wedi dod o hyd—'

'Jôc ydi hyn?' Swniai Gaenor yn bellennig braidd.

'Sobrwydd, naci! Ar 'y ngwir. Mae pawb wedi bod bron â mynd i ffitia'. Oldi, mi ddaw Yncl Cled i dy nôl di—'

'Does dim angen. Mae Dadi allan ond mi ddaw Mam â fi.'

'Dyna hogan iawn. Brysia.'

'Mae hi ar 'i ffordd ac mi neith hi ddeud y cwbwl wrthoch chi,' meddai Chris wrth Mrs. Daniel a'r genethod, heb feddwl am egluro pwy oedd 'hi'. Nodiodd Mrs. Daniel a chynnig paned o de iddo; roedd y teulu'n hurt o hyd. Yn y stafell fawr, roedd Yncl Cled a'i weithwyr wedi cludo'r stof ddu o'r neilltu, ac roedden nhw'n brysur yn clirio'r baw mwyaf. Aeth Chris yn ei ôl at ei waith o rolio'r ferfa. Ond ar unwaith bron, ymddangosodd Gaenor a'i mam. Edrychodd ei dad yn ymholgar pan aeth Chris â hi at y garreg, ond chymerodd y dynion eraill fawr o sylw, gan feddwl, mae'n debyg, mai wedi digwydd galw heibio roedd y ddwy.

Syllodd Gaenor yn hir ar y llechen. O'r diwedd, er mawr siom i Chris, trodd ato ac ysgwyd ei phen. Roedd hithau hefyd wedi cael braw.

'Mae hi'n union 'r un fath â charreg yr angel yn y fynwent, on'd ydi?' awgrymodd Chris, '— ar wahân i'r pen, ac mae hwnnw'n debyg i'r un welson ni ym mynwent Sant Bodfan.' Gan fod

161

Gaenor yn dal i betruso, meddai Chris: 'Dangos y llunia' i Mrs. Daniel ac Yncl Cled.'

Roedd Mrs. Daniel wedi dod yn ôl i'r stafell fawr, a synnu gweld Gaenor. 'Gaenor ydi'ch "ffrind" chi, Chris?' gofynnodd yn syfrdan. Yn amlwg roedd hi wedi disgwyl rhywun hŷn o lawer.

'Mae bedd John Robert yn y fynwent,' meddai Gaenor. 'John Robert, Tyddyn Generys. Sbïwch —dyma *rubbings*, a dyma'r llunia' dynnodd Chris.'

'"Aged 72, 1734",' meddai Chris. 'Yr un John Robert ydi o, siŵr o fod.' Roedd pawb yn gwrando arno bellach.

'Ond be' oedd angen dwy garreg fedd arno fo?' gofynnodd Mrs. Daniel.

'Dydw'i ddim yn dallt,' cyfaddefodd Gaenor.

'Mae 'na rywbeth yn od iawn yma,' meddai Yncl Cled.

'Peth ofnadwy i ddŵad o hyd iddo fo yn ein cartref newydd,' cwynodd Mrs. Daniel. 'Mae'r penna'n *farbaraidd*. Alla'i ddim peidio â meddwl bod 'na addoli Satan neu *voodoo* neu rywbeth felly tu cefn iddo fo. Oedden nhw ddim yn lladd rhywun yn yr hen amser wrth godi tŷ neu deml, a chladdu'r corff o dan sylfaen yr adeilad?'

Dyma Rachel yn rhoi sgrech, a doedd hyd yn oed Yncl Cled ddim yn edrych yn gyffyrddus iawn. Roedd y gweithwyr a'r teulu'n llygadu'r garreg yn nerfus, gan gadw'n ddigon pell oddi wrthi, ac aeth dychymyg Chris ar ras ar ei waethaf.

Siaradodd mam Gaenor am y tro cyntaf. 'Mae lluniau Chris a Gaenor yn dangos bod cerrig o'r

162

fath i'w gweld yn ein mynwentydd. Ac mae
gynnon ni reswm da dros feddwl mai gan glerc
y plwy', un o ddynion yr Eglwys, y cerfiwyd,
neu o leiaf y cynlluniwyd, carreg fedd John
Robert yn yr hen fynwent. Alla'i ddim meddwl
y basa'r fath ddyn yn lladd neb fel aberth, nac
yn ymhel â *voodoo*!' Nodiodd Gaenor ei
chymeradwyaeth. 'Mae petha' fel yna'n perthyn
i oes baganaidd.'

'Dydi hwnna ddim i fod yn ddychrynllyd,
ychi,' meddai Gaenor wrth Mrs. Daniel. 'Llun o
enaid ydi o. Mae 'na ddwy ochor i bob enaid, da
a drwg. Mae'r drwg—y benglog ydi hwnnw—yn
marw, ond mae'r da yn byw am byth.'

Credai Chris ei bod hi wedi egluro'n dda, ond
edrych yn bur ansicr ar y cerflun erchyll a
wnaeth ei dad a'i ewythr, ac roedd Mrs. Daniel
yn hofran yn bryderus o gylch y fan o hyd.

Dwy ochr i bawb, meddyliodd Chris: dwy
ochr i'r hen John Robert, ella; dwy ochr i glerc
y plwy'. Codai posibiliadau cyffrous i'w feddwl:
rhywun arall wedi ei gladdu yn y fynwent o dan
enw John Robert, ymdrech i guddio llofrudd-
iaeth, defodau echryslon o dan nawdd y ficer a'i
glerc. Wedi'r cwbl, lle roedd claddu yn y
cwestiwn, pwy oedd yn debycach o gael bys yn
y brwes na 'dynion yr Eglwys'? Roedden nhw
yn y trêd.

21

Daeth Miss Arthur a Mr. Arfon Ellis i Danrallt
ddydd Llun i drafod llechen Erw Hen â Dr. a
Mrs. Griffith, Chris a Gaenor. Roedd y garreg

wedi cael ei chodi o dan lygad yr heddlu, ond doedd neb wedi ei gladdu odani. Roedd hyn yn rhyddhad i bawb, hyd yn oed Chris yn nyfnder calon. Y dirgelwch oedd: at beth roedd carreg fedd yn dda heb fedd?

'Mi ddarllenais i'n ddiweddar eu bod nhw'n iwsio hen gerrig beddau'n aml ers talwm pan oedd angen cerrig,' meddai Miss Arthur. 'Doedden nhw'n malio dim amdanyn nhw ar ôl rhyw ganrif: dim ond yn eu gosod nhw mewn waliau eglwysi a thai yn eitha' didaro.'

Cytunodd Dr. Griffith a Mr. Ellis. 'Doedd hon ddim yn hen felly,' meddai Mr. Ellis. 'Ym 1756 y codwyd y tŷ. Ond fuo hi 'rioed yn garreg fedd mewn gwirionedd. *Ail* garreg fedd oedd hi, ond gwrthodwyd hi am ryw reswm. Mae hi mor debyg i'r llall fel na fedrai neb beidio â chredu bod y ddwy'n waith yr un saer maen, ac mai hon oedd y garreg wreiddiol.'

'Roedd 'na ddau John Robert,' meddai Gaenor.

'Wedi marw'r un flwyddyn,' meddai'i thad. 'Oes a wnelo llechen Erw Hen rywbeth â John Robert, Tŷ Mawr?'

Griddfannodd Chris. Oedd 'na ddarnau newydd i'w ffitio yn y pos jigso?

Gwenodd Mr. Ellis yn foddhaus. 'Nac oes. Roedd o'n iau o wyth mlynedd na John Robert, Tyddyn Generys. Mi fûm i yn yr Archifdy'r bore 'ma, a dod o hyd i gofnod bedydd John, mab Robert Lewis Tŷ Mawr, ym 1670. Dydi hynna ddim yn derfynol, gan fod mwy nag un mab o'r un teulu'n gallu dwyn yr un enw weithiau, yn enwedig os byddai'r cyntaf wedi marw'n blentyn cyn geni'r llall. Ond dan yr amgylchiadau dwi'n

164

credu y gallwn ni fod yn weddol sicir mai er cof
am yr un John Robert, Tyddyn Generys, y
lluniwyd y ddwy garreg.'

'Oes cysylltiad rhyngddo fo ac Erw Hen?'
gofynnodd mam Gaenor, o wybod bod gan Mr.
Ellis gyfoeth o hanes hen deuluoedd a thydd-
ynnod yr ardal.

'Nac oes, hyd y gwn i—er bod Tyddyn
Generys ac Erw Hen yn agos i'w gilydd. Ond
mae cysylltiad rhwng Erw Hen a Richard
Humphrey, clerc y plwy' ym 1734.'

Aeth gwefr trwy Gaenor pan ddywedodd Mr.
Ellis hyn. 'Sut felly?' gofynnodd ei thad.

'Bu Erw Hen ym meddiant ei deulu ers y
bymthegfed ganrif. Wedi marw ei dad,
Humphrey Wiliam, etifeddodd brawd hŷn
Richard, William Humphrey, y tyddyn, a'i
adael yn ei dro i'w fab yntau, Owen.'

'Nai Richard fasa fo,' meddai Gaenor. 'Ac Erw
Hen oedd cartre' Richard pan oedd o'n ifanc?'

'Debyg iawn. Ym 1756 mi chwalodd Owen
Wiliam yr hen dŷ a chodi un newydd. Bryd
hynny, mae'n debyg, y gosodwyd yr aelwyd a
rhoi llechen John Robert yn ei chanol.'

'Dwi'n credu,' meddai Miss Arthur, 'mai
gwaith arbrofol ydi hi. Wedi'r cwbl, doedd
Richard, os yfô dorrodd y cerflun, ddim yn saer
maen profiadol. Roedd o'n awyddus i wneud
gwaith da, yn enwedig os oedd y ddau deulu'n
ffrindiau, ac felly mi wnaeth ryw fath o *sgets* o'r
gofeb cyn ei thorri'n iawn.'

'Eitha' tebygol,' meddai Dr. Griffith.

'Ond—' meddai Chris. Wrth weld pawb yn
gwrando arno, tawodd gan gochi.

'Dos ymlaen, Chris,' meddai Miss Arthur. 'Doeddwn i ddim ond yn dyfalu, wyddost ti. Dywed dy feddwl.'

'Wel,' meddai Chris yn chwithig, 'dydi llechen Erw Hen ddim yn *edrach* fel *sgets*. Dydi'r llun ddim mor fanwl ag un yr angel yn y fynwent, ond mae o wedi'i dorri'n lân.' Nodiodd Gaenor yn egnïol. 'Rydach chi'n teimlo bod yr hen foi'n gwbod 'i stwff. Mae o wedi mynd i drafferth efo'r llythrenna' hefyd. Peth arall: pam ddaru o newid o'r benglog 'na i'r angel?'

'Am nad oedd o'n 'i licio fo,' meddai Gaenor yn bendant. 'Neu doedd Jane, gweddw John Robert, ddim yn 'i licio fo. Roedd 'na lun fel'na ar gerrig beddau er'ill, ond doedden nhw ddim yn meddwl 'i fod o'n ddigon da i John Robert!'

'Os felly, pwy wela' fai arnyn nhw?' meddai'i mam. 'Ychafi!' Mewn llais mwy dwys, aeth ymlaen: 'Roedd o ei hun, Richard Humphrey, wedi colli merch ryw bedwar mis yn gyn-harach. Ella bod hiraeth wedi dysgu rhyw dynerwch iddo fo. Roedd arwydd y benglog wedi gwneud y tro i bobol ers blynyddoedd. Roedd yn dysgu gwers fuddiol, ac roedd pawb yn ei dderbyn o. Ond mi welodd Richard yn sydyn nad oedd o'n ddigon da. Mi wnaeth garreg hyfryd i Mary Rowland yn fuan ar ôl hon.'

Closiodd Gaenor ati. Roedd ei mam wedi mynegi ei theimlad hi i'r dim.

'Mae o'n bosibl, on'd ydi,' myfyriodd Miss Arthur, 'ei fod o wedi gwneud y cerflun ymlaen llaw, cyn marw John Robert. Dwi'n dallt bod seiri meini yn gwneud pethau felly. Wedyn doedd angen dim ond yr enw a'r manylion

personal, a phennill efallai. Mae'n haws
dychmygu ei fod o wedi torri'r geiriau a'r
rhifau, ac wedi dod i ffieiddio'r darlun gymaint
fel y bu raid iddo ailddechrau o'r cychwyn ar
lechen newydd.'

'Ie,' meddai Gaenor. 'Dyna 'naeth o.'

'Ond roedd llechen yn werth arian,' meddai
Arfon Ellis, 'Ac felly doedd dim cwestiwn o'i
lluchio hi. Roedd llechen o'r maint yna'n gallu
cyflawni sawl diben yn y tŷ. Ac o'r diwedd mi
ddaeth i ddwylo'i nai—'

'Oedd Richard wedi marw erbyn hynny?'
gofynnodd Gaenor yn syn.

'Wn i ddim,' meddai Mr. Ellis. 'Mae hynny'n
un o'r pethau y mae'n rhaid inni chwilio i mewn
iddyn nhw eto. Beth bynnag, mi osododd Owen
William, nai Richard, y garreg yn ei aelwyd
newydd sbon.'

'Ond i feddwl am ŵr a gwraig yn eistedd o
boptu'r tân a pheth fel 'na rhyngddyn nhw!'
meddai mam Gaenor.

'Roedd Jane wedi marw,' meddai Gaenor.
'1754. Fasa *hi* ddim yn meindio.'

'Ac roedden nhw'n galetach na ni,' meddai'i
thad. 'Roedden nhw'n barotach i wynebu
angau. Iddyn nhw roedd y cerflun yn adeiladol
—ym mhob ystyr!—ac yn dysgu gwers
ysbrydol.'

'B-rr-h!' meddai'i wraig. 'Mi fasa gen i draed
oer bob nos efo wyneb fel 'na ar yr aelwyd!'

'Ond fel y mae Chris a Gaenor wedi sylwi,'
meddai Miss Arthur, gan beri i Chris neidio'n
nerfus, 'doedd 'na ddim saer maen yn yr ardal
bryd hynny, a barnu o'r holl gerrig yn y
fynwent sy'n dwyn dim ond dwy lythyren a'r

167

dyddiad. Dyna gymaint ag a gafodd Jane, gweddw John Robert, oedd yn wraig gymharol gefnog. Mi fasa *unrhyw* lechen gerfiedig yn drysor mewn cartre' cyffredin yn Llanfair 'ma yn y flwyddyn 1756!'

'Dwi'n dallt nad ydi Mrs. Daniel am ei chadw hi 'chwaith?' sylwodd Dr. Griffith.

'Nacdi,' meddai Mr. Ellis. 'Mae hi a'r gŵr wedi penderfynu ei rhoi hi i'r Gymdeithas Hanes, ac mi gawn ni ei dangos yn yr arddangosfa!'

'Rydan ni'n lwcus fod Gaenor a Chris gynnon ni,' meddai Miss Arthur wrth ganu'n iach, 'i dynnu'n sylw ni at y petha' 'ma. Roedden nhw'n medru egluro ystyr y cerflun o'r cychwyn. Ac mi ddeudodd rhyw dderyn bach wrtha'i, oni bai fod Chris yno pan symudwyd y grât, gallasai'r llechen fod wedi cael ei malu cyn i neb ei gweld hi'n iawn!'

Roedd y murmur o gymeradwyaeth a gododd yn ddiarth i Chris. Cochodd a mwmian 'Nos dawch' yn frysiog.

'Wyt ti wedi colli rhywbeth, Seiriol?' gofyn-nodd mam Gaenor, o weld ei gŵr yn stwnna o gylch y parlwr gan edrych yn betrusgar o'i gwmpas.

'Do, dwi'n credu fy mod i,' atebodd Dr. Griffith, 'ond fedra'i ddim cofio be'.'

'O, *Dadi*!' meddai Gaenor, ar fin chwerthin.

Safodd ei thad yn sydyn. 'Wyddost ti, *mae* 'na rywbeth ym mhen yr hogyn 'na—Crwys.'

Crwys! Agorodd Gaenor ei cheg i brotestio, ond fel roedd ei gwefusau'n dechrau ffurfio 'Chr—', gwelodd lewyrch bach yn llygad ei thad

168

na welsai erioed ei debyg o'r blaen. Tawodd, a theimlo'i hun yn gwenu mewn ateb i'r llygedyn bach stumddrwg 'na.

'Dydi o'n braf, Dadi,' meddai, 'yn bod ni wedi darganfod cimint o betha' ers inni ddŵad i Lanfair-is-y-Graig?'

22

'Gaenor,' gofynnodd ei mam yn ddistaw, 'wyt ti wedi symud y pen carreg o gwt yr ardd?' *hut*

Edrychai Gaenor yn anghyfforddus. 'Y—nac ydw.'

'Wel, mae o wedi diflannu.'

'Ddaru chi ddim sôn amdano fo wrth Dadi, naddo? Mae ganddo fo feddwl o Chris, a dwn i ddim be' fasa fo'n ddeud 'tasa fo'n gwbod 'i fod o wedi chwarae' tric mor wirion. Chris sydd wedi mynd â fo, siŵr i chi. Debyg fod gynno fo dipyn o g'wilydd ohono'i hun.'

Chwarddodd ei mam. 'Dwn i ddim wir! Mae Chris yn dechra' tyfu'n arwr. Dyna'r *Post* wedi *arwr* cael gafael ar hanes y llechen rywsut, a'r *Weekly News* am anfon ffotograffydd i'r Arddangosfa i dynnu'ch llunia' chi'ch dau—ac ar ben hynny mae Mr. Ellis am gyfeirio atoch chi yn ei gyfweliad radio! Mi fyddwch chi'n enwog cyn y diwedd! Mae cyfeillion y Gymdeithas Hanes yn eitha' balch o'r cyhoeddusrwydd i'r Arddangosfa. Ond mi liciwn i wybod be' sydd wedi digwydd i'r pen 'na.' *publicity*

169

'O sobrwydd,' griddfannodd Chris. 'O'r argian.'

Roedd Dr. Griffith wedi danfon y ddau efo car ben bore i fynwent Sant Bodfan i dynnu lluniau'r cerrig beddau yno; wedyn aeth yn ei flaen i Fangor a'u gadael nhw i ddychwelyd ar y bws. Ond roedden nhw wedi mynd i chwilota am feini eraill, a cholli'r bws. Penderfynodd y ddau gerdded adre' trwy ffordd Gwyll yn hytrach na disgwyl am hanner awr. Roedd hi'n lôn braf, a chyn bo hir roedden nhw wedi croesi i'w plwyf eu hunain. Ond pan ddaethant i olwg Hen Gapal, pwy oedd yn dod i'w cyfarfod ond Miss Samuel yn gwthio'i throli llwythog. Roedd hi'n cerdded yn heini yn ei hen *boncho* a'i het ffelt, ac roedd 'na ryw ynni gwyllt yn perthyn iddi. Gwnâi i Gaenor feddwl am gath ar fferm y gwyddai hi amdani, nad oedd yn fodlon i neb ei magu, nac yn dod i eistedd ar yr aelwyd gyda'r nos. Roedd hi'n mynnu mynd ei ffordd ei hun.

'Hylô, Miss Samuel!' meddai Gaenor, a mynd ati, ond yn ei flaen yr aeth Chris.

Safodd Miss Samuel. Craffodd ar Gaenor â'i llygaid mawr pell eu golwg, fel petai'r eneth yn dod i ffocws yn araf. Gwenodd yn ddisglair, ac roedd Gaenor yn falch ei bod hi wedi ei chyfarch.

'Bore da,' meddai Miss Samuel. 'Rydych chi allan yn gynnar.'

'Wedi bod yn y fynwent eto,' meddai Gaenor, 'yn tynnu 'chwaneg o lunia' eneidia'.'

'Mi welais i'ch hanes chi yn y papur,' meddai Miss Samuel, 'chi a'r bachgen wedi dod o hyd i garreg fedd mewn hen ddyddyn.'

Roedd Gaenor yn syfrdan. Miss Samuel, o

170

bawb, yn darllen papur newydd! Ond o ran hynny, roedd ganddi radio bach ar ei throli.

'Roedd o'n llun da ohonoch chi,' meddai'r grwydrwraig. 'Gaenor Seiriol Griffith. Mi glywais i sôn am eich tad.'

'Chris ddoth o hyd i'r garreg mewn difri',' meddai Gaenor. 'Wyddoch chi fod Mrs. Daniel—hi pia'r tŷ, ychi—am ei rhoi hi i'r Gymdeithas Hanes? Mi fydd i'w gweld yn yr arddangosfa. Rhaid i chi ddŵad i'r arddangosfa, Miss Samuel.'

'Mi ddof,' meddai Miss Samuel yn ddibetrus. 'Lle ydych chi'n 'i chynnal hi? Yn neuadd y pentre'?'

'Ie, o ddeg tan chwech.' Rhoddodd Gaenor ragor o fanylion, a gweld bod Miss Samuel yn cymryd sylw o'r cwbl. 'Mae Mr. Edwards yr arlunydd wedi gneud llun hardd o Hen Gapal fel yr oedd o, ar gyfer yr arddangosfa. Dydi o'n drist 'i weld o rŵan, Miss Samuel? Mae o mor hyll, ac mor unig.'

'Mae 'na ganu da yno o hyd,' meddai Miss Samuel. 'A gweddïo da, ambell dro.'

Doedd hi ddim yn hawdd cynnal sgwrs â Miss Samuel. Roedd hi'n mynd ei ffordd ei hun a fedrech chi mo'i dilyn hi. Ond ymdrechodd Gaenor: 'Mae Mam yn deud y dylan nhw 'i atgyweirio fo fel canolfan y Gymdeithas Hanes, a chael amgueddfa fechan i dynnu pobol ddiarth yn yr ha'.' Ond ofnodd ar unwaith ei bod hi wedi digio Miss Samuel. Petai pob hen addoldy'n troi'n amgueddfa, i b'le yr âi Miss Samuel i glwydo liw nos?

'Wn i ddim sut y basen nhw'n licio hynny,' meddai Miss Samuel. 'Mae'r adar yn nythu yn y

171

to.' Dechreuodd wthio'r troli yn ôl a blaen yn freuddwydiol.

Disgwyliodd Gaenor am funud neu ddau, ond roedd Miss Samuel wedi cilio i'w byd ei hun. 'Da bo chi, Miss Samuel,' meddai. Nodiodd y wraig arni heb ddweud dim, a rhedodd Gaenor yn ei blaen.

'Dwi newydd 'i weld o!' meddai Mrs. Owen. 'Wedi'i dynnu o i lawr o dalcen yr eglwys maen nhw? Ydyn nhw'n mynd i'w ddangos o yn yr arddangosfa?'

'Am be' ydach chi'n sôn, Sylvia?' gofynnodd Mrs. Griffith.

'Y pen carreg, yn y *conservatory*!' Roedd 'na borts bach gwydr yn llygad yr haul tu allan i'r drws cefn, a choed blodeuog mewn potiau pridd a phlastig wedi eu gosod o'i gwmpas. Honnai Mrs. Owen fod ganddi fysedd gwyrdd, ac roedd hi wedi cymryd y cyfrifoldeb am y planhigion arni ei hun fwy neu lai.

Pan aeth Mrs. Griffith a Gaenor i'r ports, roedd y pen ffug wedi ei osod mewn lle amlwg ar stand pren rhwng dwy goeden geranium llawn blodau. Hongiai lobelias a fuchsias o fasged uwchben iddo fo. Ymfalchïai Mrs. Owen mewn trefniadau artistig fel hyn.

'Bechod 'i adael o ar lawr!' meddai.

'Lle roedd o'n union?' gofynnodd Mrs. Griffith.

'Yn y gongl 'na wrth y drws o dan y begonia.' Edrychodd Gaenor a'i mam yn ymholgar ar ei gilydd.

'Nid y pen o dalcen yr eglwys ydi o, ychi,' meddai Gaenor. 'Fasa wiw i neb dynnu hwnnw

172

o'i le.' Edrychodd yn nerfus ar ei mam. 'Chris 'naeth hwn.'

'Copi o ben Celtaidd hynafol,' meddai'i mam yn frysiog.

'Chris!' Edrychodd ei fam â diddordeb newydd ar y cerflun. 'Dydach chi 'rioed yn deud y gwir? Wel, dawn i'n llwgu! Cofiwch, mae o'n cael gair da gan 'i athro arlunio, ond wyddwn i ddim y medra' fo droi'i law at beth fel hyn. Mae o wedi cael hwyl arno fo, yn tydi? Fydd o yn yr Arddangosfa?'

'Na fydd, gan mai—y—copi ydi o,' meddai mam Gaenor.

Roedd Mrs. Owen yn siomedig. 'Ydach chi am 'i adael o yma, ynteu 'i roi o yn yr ardd? Mae o'n wych fel y mae o, ychi. Gresyn 'i fod o wedi colli darn o'i dalcen, ond dwi wedi tynnu sbrigyn o fuchsia i lawr i'w guddio fo. Isio'i neud o i edrych yn henffasiwn oedd Chris, debyg; mae cymaint o'r petha' hynafol 'ma wedi cael tolc.'

'Gan mai gwaith Chris ydi o, pam nad ewch chi â fo i'ch gardd chi?'

Petrusodd Mrs. Owen. 'Mi 'drychai'n dda yn y rockery, a bloda' mân yn tyfu o'i gwmpas o. Wyddoch chi, mae Chris wedi dod allan yn rhyfeddol yn ddiweddar 'ma. Welsoch chi'r hanes yn y *Post*—"*two keen young historians*"?' Chwarddodd Mrs. Owen. 'Pwy fasa'n meddwl y basa neb yn galw Chris yn *historian?* Ac roedd 'i dad o wedi synnu 'i glywed o'n siarad mor dalog yng nghlyw pawb yn Erw Hen—fel pregethwr, medda' fo! Sôn am yr Atgyfodiad, os gwelwch chi'n dda!'

Byddai Gaenor wedi ymateb yn fwy gwresog i'r datguddiad hwn o Chris petai hi heb fod ar

173

binnau rhag ofn i'w thad ymddangos a gweld y pen. Doedd arni ddim eisio i Mrs. Owen gael brifo'i theimladau. Roedd straeon rhyfedd am antur Chris yn dringo'r ysgol wrth dalcen yr eglwys wedi rhedeg o gylch y pentre fel tân gwyllt. Roedd Chris, meddai'r si, wedi cael ei weld yn sefyll ar do'r eglwys; roedd hogan Dr. Griffith wedi disgyn oddi ar yr ysgol i'r cae ac anafu ei hun; roedd Chris 'mewn trwbwl efo'r polîs' . . . Roedd sibrydion fel yna'n fêl ar fysedd rhai o ferched Llanfair-is-y-Graig, ac roedd mam Chris yn falch fod y *Post* wedi rhoi taw ar y clepian. Gresyn fyddai iddi gael difetha'i hapusrwydd rŵan.

'Mi a'i i nôl bag papur ichi 'i roi o ynddo fo,' meddai Mrs. Griffith. Ond pan agorodd hi'r drws i'r gegin, pwy oedd yno ond Dr. Griffith, wedi dod i chwilio am ei baned te ganol bore. 'Ydi Gaenor allan 'na?' gofynnodd, a thrwodd â fo i'r ports cyn y gallai'i wraig ei rwystro. Dyna lle roedd y pen carreg yn ei ogoniant newydd, wedi ei ddyrchafu megis ar allor flodeuog.

'Wel, dacw fo'r hen frawd!' meddai'n syn. 'O b'le doth o yma?'

'O gwt yr ardd,' meddai'i wraig, 'ond *sut* y doth o, ŵyr neb.'

'Ie, yng nghwt yr ardd welais i o gynta',' meddai Dr. Griffith. Crafodd ei ben. 'Be' ddigwyddodd, deudwch? Mi gof'is fy mod i wedi gadael rhyw bapura' yn y car, a mynd i'r garej i'w nôl nhw. Ac ar y ffordd yn ôl i'r tŷ, be' welwn i'n edrych arna'i drwy ffenest y cwt ond hwn! Dyma fi i mewn, wrth gwrs, a'i dynnu o o'r ffenest gan feddwl mynd â fo i'r tŷ i gael gwell

174

golwg arno fo. Ond erbyn imi ddŵad i'r gegin 'ma, roedd o wedi diflannu i rywle.'

'Mi ddeuda'i wrthoch chi be' 'naethoch chi, Dr. Griffith,' meddai Mrs. Owen. 'Pan ddaethoch chi at y drws cefn, roedd o ynghau, mae'n siŵr. Roedd gynnoch chi lond ych dwylo, rhwng y pen a'r papura' 'ma. Dyma chi'n rhoi'r pen i lawr yn y gongl acw, tu ôl i'r pot mawr o dan y begonia melyn. Fan'no roedd o bore 'ma, beth bynnag.'

'Wel wir, Sybil,' meddai Dr. Griffith, 'rydach chi'n egluro petha' cystal â Sherlock Holmes, a dichon ych bod chi'n iawn hefyd. Ond mae 'na ddirgelwch arall. Sut cafodd o ei roi yng nghwt yr ardd? Gaenor, wyddost ti rywbeth am hyn? Wyt ti a Chris wedi darganfod trysor eto? Pen Celtaidd arall, fel 'tasa un ddim yn ddigon!'

Roedd Gaenor mewn cyfyng-gyngor. Credai fod ei thad yn ei phryfocio, ac eto doedd hi ddim yn sicr. Doedd arni ddim eisio achwyn ar Chris, yn enwedig o flaen ei fam. Ond fedrai hi ddim twyllo'i thad 'chwaith. O, petai hi neu Chris ond wedi claddu'r peth ar unwaith ar ôl eu ffrae! Gallai weld wyneb Mrs. Owen druan yn gloywi, a dyfalu ei bod ar fin datgelu camp Chris.

Hwyrach i'w mam ddeall ei phenbleth. 'Mae'n bryd i mi neud paned inni,' meddai, 'a Sylvia, dyma gyfle i chi lanhau ffenest y stydi.'

Roedd hi'n bur amlwg y buasai Mrs. Owen wedi hoffi aros i ganu clod ei mab, ond atebodd, 'Reit, Mrs. Griffith' a mynd i'r tŷ efo winc ddireidus ar Gaenor tu ôl i gefn Dr. Griffith.

'Chris ddoth â fo,' meddai Gaenor yn gyndyn. Roedd ei thad yn bodio'r pen a'i droi o'r naill ochr i'r llall.

'Dadi, fyddwch chi ddim yn gas efo fo, na fyddwch? Roeddwn i'n meddwl mai jôc oedd o, ond—' Fedrai hi ddim egluro i'w thad, nac iddi'i hun yn iawn, pam roedd hi a Chris wedi ffraeo mor chwerw. Efallai na ddylai hi fod wedi galw Chris yn dwp . . . 'Nid jôc oedd o. Doedd Chris jyst ddim yn dallt.'

'Dwi'n amau 'i fod o'n dallt digon i nabod pen Celtaidd,' meddai'i thad yn sych.

Syllodd Gaenor arno'n fud. Roedd ei thad yn gwneud sbort am ei phen hi, neu—ond doedd bosib ei fod o wedi cael ei dwyllo gan ymdrech amrwd Chris?

'O, mae 'na dipyn o grafiadau go newydd o gwmpas y geg a'r llygaid,' meddai'i thad, 'ond mi synnaf os nad ydi hwn yn ben hynafol. Weli di mo'no fo?' gofynnodd yn dawel, ac roedd 'na dinc yn ei lais oedd yn ddieithr iddi. Trodd y pen nes iddo gyrraedd ongl arbennig. Trawodd y golau y garreg dreuliedig, gan ddileu'r llinellau arwynebol o waith Chris, a datguddio'r dirgelwch prudd hynafol.

Nodiodd Gaenor. Fedrai hi ddweud dim.

'Mi rown ni o'n ôl ar y stand dros dro,' meddai'i thad. 'Mae Mrs. Owen wedi dyfeisio allor ddel iawn iddo fo. Ac mi ga'i air efo'r hogyn peintiwr 'na.'

'Dydi Chris ddim yn beintiwr,' meddai Gaenor yn syn.

'O, nac ydi? Ella mai llnau ffenestri mae o? Clywed wnes i 'i fod o'n mynd o gwmpas y lle 'ma efo clamp o ysgol fawr.'

'Allwn ni byth ei brofi o,' meddai Dr. Griffith. 'Ond mi fydd yn ddiddorol cael barn yr arbenigwyr a gwybod pa fath o garreg ydi hi, ac os oes staen neu olion eraill arni, sy'n cynnig cliw. Wyt ti'n gweld, yn y rhan yna o Fôn, mae gweddillion Celtaidd yn lled gyffredin.'

Teimlai Chris yn hurt braidd. Pan ddaeth ei fam â'r newydd fod Dr. Griffith wedi darganfod y pen yn y cwt a holi Gaenor yn ei gylch, disgynasai'i ysbryd i'r gwaelodion. Ac i wneud pethau'n waeth, roedd Gaenor a Mrs. Griffith wedi dweud wrth ei fam ei fod o wedi ffugio'r pen! Roedd hi wedi camddeall rywsut a sôn am 'gopi', fel 'tasa peth felly'n dangos camp ar ei ran o, ond doedd balchder diniwed ei fam ddim ond yn gwneud ei euogrwydd yn fwy chwerw. Buasai'n siŵr o glywed y gwir cyn y diwedd. Pan ddaeth yr alwad i 'gael gair' â Dr. Griffith, credai fod popeth ar ben arno. Ond roedd y cyfan wedi troi allan yn groes i'w ddisgwyliad.

'Mae dy fam yn dymuno'i gael o yn 'i gardd ar ganol y *rockery*, ac mae'n siŵr y cei di o'n ôl wedi iddo fo gael ei archwilio,' meddai Dr. Griffith. 'Gwaetha'r modd, dydi o ddim mewn cyflwr i gael 'i ddangos yn yr Amgueddfa Genedlaethol, yn nacdi?'

Gwridodd Chris. 'Mi wnes i o i blesio'r fechan, Gaenor ychi. Roedd hi wedi siarad cimint am y duw 'ma'n gwenu. Wyddwn i ddim yn iawn be' oedd hwn. Ar un edrychiad roedd o'n ben, ond y munud nesa' doedd o'n fawr fwy na lwmp o garreg.'

'Mae o wedi'i wisgo'n arw. Bechod, hefyd, na fasa gynnon ni lun ohono fo cyn iddo fo gael y *facelift* 'ma.'

'Mae 'na lun.'

'Wyt ti o ddifri'?'

'Roedd Bryn wedi cael camera newydd ar 'i ben-blwydd ac roedd o wedi dŵad â fo i Sir Fôn. Pan ddois i o hyd i'r pen mi ddaru ni gael tynnu'n llunia' ar y traeth efo fo. Roedd Bryn a Dennis yn meddwl 'i fod o'n smala.'

'Pwy dynnodd y llunia'—y Bryn 'ma?'

'Mi dynn'is i un, ac mae o'n reit glir. Mae'r pen yn edrach—fel pen.'

'H'm,' meddai Dr. Griffith, a dyna'r cwbl, ond swniai'n eitha' balch. Taniodd ei bibell. 'O, a Chris,' meddai, 'rwyt ti'n ymddiddori mewn archaeoleg, on'd wyt? Dyma iti lyfr ar rai o'r archaeolegwyr mawr. Cymeriadau lliwgar iawn, rhai ohonyn nhw—Schliemann, Syr Arthur Evans, Syr Mortimer Wheeler . . . Mae'r lluniau'n dda hefyd. Hwyrach y baset ti'n hoffi cael golwg arno fo, os nad wyt ti wedi dod ar 'i draws o'n barod?'

Schliemann. Craffodd Chris ar Dr. Griffith, ond roedd hwnnw'n tynnu'n dawel ar ei bibell.

23

Roedd yr arddangosfa wedi ei hagor, a Chanolfan y pentre'n sïo trwyddi fel cwch gwenyn. Ar ôl dau ddiwrnod o brysurdeb, roedd popeth yn ei le—bron. Aildrefnodd Mrs. Daniel y plethi yn siôl ei hen-nain; cododd Miss Arthur ddwy goeden oedd wedi syrthio ar fodel y genethod o'r llan, ac anfon Rachel am fwy o glai gludiog

178

i'w dal yn eu lle; newidiodd Mr. Arfon Ellis y dyddiad ar gerdyn post o '1934' i '1935'. Diflannodd Mrs. Owen i gegin fach gefn y neuadd i ddarparu paned o de ar gyfer yr ymwelwyr (20c. y pen), a gosododd Mrs. Griffith arwydd bach ar 'stondin y fynwent', chwedl Chris, yn dweud: 'Lluniau gan Christopher Owen. *Rubbings* gan Christopher Owen a Gaenor Seiriol Griffith.'

Gyda chymorth Miss Arthur, roedd y rhain wedi cael eu trefnu ar gefndir o gardbord glas tywyll gyda'r holl ddefnydd perthnasol: copïau o gofnodion cofrestr y plwyf, lluniau o'r corbel 'Celtaidd', y darn sgrîn ac o nifer o gerfluniau cynharach mewn ymdrech i egluro cefndir y cerrig beddau. Yn y lle amlycaf roedd y llechen o Erw Hen. Ac roedd 'na bennawd trawiadol, 'Cerfluniau ar Gerrig Beddau Cynnar', a nodiadau ar ddylanwadau 'brodorol a Cheltaidd'.

Mae nifer o ddarnau'r pos jigso yma, meddyliodd Gaenor. Gallai unrhyw ymwelydd weld y cysylltiad rhwng llofnod Richard Humphrey yng nghofrestr y plwyf, y ddwy garreg fedd yn y fynwent a'r llechen yn Erw Hen. Gallai pawb weld y tebygrwydd rhwng angel John Robert a'r corbel 'Celtaidd', rhwng pot coeden Mary Rowland a'r sgrîn, rhwng y tair 'santes' mewn halo dwbl a'r saint hynafol ym Mhenmon. Er hynny i gyd, ochneidiodd Gaenor.

'Be' sy'n bod?' gofynnodd ei mam.

'Dydi'r jigso ddim wedi ei orffen. Mae 'na gimint o betha' na wyddon ni monyn nhw. Lle mae 'i bedd hi—Hannah? Mi dorrodd Richard Humphrey gerrig hardd i bobol er'ill, ond be' amdani hi?'

Ysgydwodd ei mam ei phen heb ddweud dim. Gallai Gaenor ddyfalu beth oedd yn ei meddwl. Roedd rhai cerrig gwastad wedi eu gorchuddio â glaswellt, eraill heb enw na llythrennau, llawer o feddau heb garreg o gwbl. Pan oedd cymaint o blant yn marw, dim rhyfedd os nad oedd dim i ddangos lle roedd eu beddau. 'hannah Richard was buried.'

Rhedodd Rachel atyn nhw a'i llygaid yn pefrio. 'Mae'r *Weekly News* yma—maen nhw am dynnu'ch lluniau chi!'

Bu raid i Gaenor a Chris sefyll wrth ochr eu 'stondin' a gwenu ar y camera. Gofynnodd gohebydd y papur newydd iddyn nhw ddweud hanes eu darganfyddiadau; roedd hi'n ledi ddymunol iawn, ac yn nodi'r cyfan yn ofalus. Holodd Mrs. Daniel a Rachel, hefyd, ynghylch y llechen, a digon hawdd oedd dweud bod y ddwy bellach yn dechrau difaru eu bod nhw wedi ei rhoi hi i'r Gymdeithas Hanes. Roedd Rachel yn dechrau mwynhau'r profiad dychrynllyd erbyn hyn gan ddefnyddio'i dawn ddramatig i gyfleu'r arswyd i ddarllenwyr y *Weekly News*.

Safai Mr. Arfon Ellis gan wrando ar y sgwrs. 'A dyma ichi eitem fach ddiddorol,' meddai wrth ledi'r *Weekly News*. 'Mae Christopher 'ma'n un o ddisgynyddion John Robert! Ydi: saith cenhedlaeth ymlaen!'

'Ar ochor Mam?' gofynnodd Chris.

'Naci wir. Ar ochr ych tad. Ella bod cysylltiad rhwng teulu'ch mam a disgynyddion Mary Rowland, teulu Rowlands cocos gynt.'

'O Chris, dydi hynna'n wych?' meddai Gaenor. 'Roedd John a Jane yn daid a nain iti!'

Edrychodd ar lun yr angel, ac roedd ei wên yn fwy arwyddocaol nag erioed.

'Aros nes imi gael deud wrth dy fam!' meddai tad Chris, a oedd yn sefyll ar ymyl y grŵp. 'Fedrwn i rioed 'i chael hi i gredu 'i bod hi wedi priodi un o'r bobol fawr!' Er iddo wneud jôc o'r peth, credai Gaenor ei fod o'n falch wirioneddol o'r sylw roedd Chris yn ei gael.

Roedd Dr. Griffith wedi bod yn crwydro'n hamddenol o gylch yr arddangosfa. Cyrhaeddodd 'stondin y fynwent' mewn pryd i ganu'n iach i'r *Weekly News.* Craffodd yn feirniadol ar y gwaith, a dweud o'r diwedd: 'Mae 'ma ddigon i awgrymu fod gwerth hanesyddol neilltuol yn perthyn i'r cerrig hyn. Pwy 'naeth yr holl sgrifennu Celtaidd 'ma? Chris eto? Mae o'n effeithiol iawn.'

'Hawdd ydi deud bod Gaenor yn ferch i *chi,* Dr. Griffith!' meddai Mrs. Daniel yn wên i gyd.

'Wyddwn i ddim am y peth,' meddai tad Gaenor yn bendant. 'Wel, ddim hyd yn ddiweddar iawn. Mi sgrifennodd Gaenor i Sain Ffagan i ofyn cyngor heb ddeud gair wrth 'i thad! Chwarae teg, mi ddoth hi a Chris o hyd i'r petha' 'ma ar 'u liwt 'u huna'n. Dyn, mi eis i a mam Chris yn y car i fyny'r allt draw 'na heb sylwi dim bod ein plant ni'n dringo ysgol at dop ffenest yr eglwys! Pob clod i'r ddau, ddeuda'i.'

'O sobrwydd,' meddai Chris, a phwnio Gaenor. Roedd y siffrwd o symud a sgwrsio yn y neuadd wedi ymdawelu'n sydyn, ac roedd y bobl agosaf at y drws yn syllu'n fud ar ffurf od a gerddai'n hyderus i fyny'r eil ganol.

Roedd Miss Samuel wedi newid y *poncho* am got law laes, er parch i'r achlysur, ond edrychai'n wahanol i bawb arall o hyd. Nid ei dillad yn unig oedd yn od, er bod yr het frethyn a'r sanau gweu, y sgidiau trymion a'r got, â'u hochrau wedi eu tynnu i lawr gan bwysau'r pocedi mawr wedi eu stwffio'n llawn o fân bethau, yn edrych yn rhyfedd ymhlith y gwisgoedd hafaidd yn y neuadd. Na: hi ei hun oedd yn wahanol. Roedd hi'n fwy annibynnol na'r bobl o'i chwmpas, ac yn fwy *effro* rywsut, meddyliodd Gaenor. Trôi ei phen a'i hedrychiad gloyw o'r naill ochr i'r llall yn eiddgar, fel petai popeth yn newydd ac yn gyffrous iddi. Dechreuodd graffu'n fanwl ar yr arddangosfa, gan roi'i sylw i gyd i'r gwrthrychau a'r lluniau ar hyd y neuadd. Byddai cyn-athrawes Gaenor yn arfer dweud wrth y dosbarth mewn gwers ymarfer corff, 'Gwnewch ddigon o le o'ch cwmpas'. Rocdd Miss Samuel yn gwneud hynny, yn anfwriadol yn ôl pob tebyg: lle bynnag yr âi hi yn yr arddangosfa, roedd pawb arall yn diflannu o'i blaen—a hyn er bod trigolion Llanfair-is-y-Graig yn bobl glên a chyfeillgar fel rheol.

Aeth Gaenor at ei hymyl yn ddistaw bach. Roedd y grwydrwraig yn sefyll â'i phen ar un ochr fel robin goch, yn syllu ar hen brint o'r goets fawr yn agosáu at y pentre'. Pan symudodd hi yn ei blaen, mentrodd Gaenor ei chyfarch hi. 'Ddowch chi i weld gwaith Chris a fi ar y fynwent, Miss Samuel?' meddai. Gwenodd Miss Samuel yn ddisglair a mynd gyda hi.

Roedd hanner dwsin o bobl wedi ymgasglu o flaen y 'stondin', ond dilynodd y grŵp y reddf gyffredinol a chwalu i wneud lle i Miss Samuel.

Daliodd honno sylw ar bob eitem, gydag ambell nod o gymeradwyaeth. Craffodd yn hir ar lofnod Richard Humphrey, a'r nodyn ar angladd Hannah. O dro i dro edrychodd ar Gaenor, ac er na ddywedodd hi'r un gair teimlai Gaenor nad oedd ei chyfeilles ryfedd wedi cael ei siomi yn y rhan hon o'r arddangosfa.

'Mae 'na 'chwaneg o waith plant yma, Miss Samuel,' meddai o'r diwedd. 'Hoffech chi 'i weld o?' Arweiniodd Miss Samuel at y model o'r llan, a chael cipolwg ar wep syn Rachel cyn i honno ei chetio hi rownd congl y sgrîn agosaf. Ymddiddorai'r grwydrwraig yn ymdrechion y plant i ail-greu gorffennol yr ardal, ac roedd hi fel petai'n mynd yn addfwynach ac yn colli'i gwylltineb wrth edrych ar y lluniau, y modelau a'r doliau mewn gwisgoedd henffasiwn.

Toc, gofynnodd Gaenor: 'Miss Samuel, fasech chi'n licio paned o de?' a mynd â hi i'r stafell lle roedd Mrs. Owen a ledi arall yn rhannu te poeth a bisgedi. Edrychodd Mrs. Owen yn rhyfedd braidd ar y grwydrwraig, ond caeodd Gaenor un llygad y mymryn lleia' arni, a chynnig tâl am y ddwy gwpaned. Gwnaeth Mrs. Owen lygad bach arni hithau a rhoi ugain ceiniog yn ôl iddi.

'Ydi llywydd y Gymdeithas yma?' gofynnodd Miss Samuel, ar ôl sipian ei the. 'Mi hoffwn i gael gair â fo.'

'Ydi Mr. Arfon Ellis yna?' galwodd Mrs. Owen, ac mewn dau funud daeth Mr. Ellis atyn nhw a chyfarch Miss Samuel yn foneddigaidd, er ei fod o fel eraill yn edrych braidd yn anesmwyth yn ei chwmni.

'Llongyfarchiadau, Mr. Ellis,' meddai Miss Samuel yn urddasol. 'Arddangosfa ddiddorol iawn. Rydw'i'n un o Huwsiaid Llanfair-is-y-Graig, wyddoch chi, o ochr fy mam—'

'Felly wir?' meddai Mr. Ellis yn gwrtais.

'—un o ddisgynyddion Meredydd ap Iarddur Goch, ac roeddwn i'n falch o weld ei arfbais yma, y tri charw.'

Gan fod Mr. Ellis yn ymddiddori cymaint mewn achau, ac yn gynefin â choeden deuluol yr Huwsiaid hyd y brigau eithaf, bu sgwrs rhwng y ddau ar y pwnc am funudau. Sylwodd Gaenor fod Mrs. Owen mor anghyffrddus yng nghwmni Miss Samuel ag roedd Chris. Toc, gosododd Mr. Ellis ei gwpan wag yn ei soser a dechrau codi ar ei draed, ond daliodd Miss Samuel o â gair:

'Un peth arall, Mr. Ellis. Rwy'n dallt bod y Gymdeithas Hanes yn ystyried atgyweirio Hen Gapel fel amgueddfa.'

'Y—?' meddai Mr. Ellis yn syn, gan nad oedd yr aelodau erioed wedi trafod y fath syniad.

'Mae o'n gynllun ardderchog. Rwy' wedi cael gair efo *nhw,* y ffyddloniaid, wyddoch chi, a does ganddyn nhw ddim gwrthwynebiad.'

Ddywedodd Mr. Ellis ddim gair am funud. 'Y—mae'r gost—' cychwynnodd yn ansicr.

'Peidiwch â phoeni dim am hynny,' meddai Miss Samuel. 'Mae'r cantorion wedi rhoi eu bendith, ac mae hynny'n ddigon. Gwnewch apêl i'r cyhoedd, ac fe ddaw'r arian. I gychwyn y gronfa, mi ro' i bum can punt ichi.'

'Wel, diolch yn fawr,' meddai Mr. Ellis mewn llais anghlywadwy bron. 'Rydach chi'n ffeind iawn. Ond—'

184

'Ddim o gwbl.' Cododd Miss Samuel yn urddasol. 'Fe gewch siec cyn diwedd yr wythnos. Gyda llaw, yn yr hanes sydd gynnoch o frwydr y Dalar Hir, dydi'r disgrifiad o fyddin y Senedd ddim yn ffeithiol gywir. Os ca'i ddangos ichi—?'

'Debyg iawn.' Dilynodd Mr. Ellis hi'n gyndyn yn ôl i'r neuadd. 'O,' meddai mewn llais dyn ar fin cael ei ryddhau o garchar, 'dacw Dr. Seiriol Griffith—hwyrach eich bod chi'n ei nabod o? Dr. Griffith! Miss Samuel—Dr. Griffith.' Trwy gongl ei llygad, gwelodd Gaenor o'n cilio'n gyflym tua'r drws i'r stryd, ac yn sefyll yno gan sychu ei dalcen â'i hances wen.

'Chi ydi tad Gaenor.' Trodd Miss Samuel ei llygaid mawr gloyw ar Dr. Griffith.

Doedd o erioed wedi clywed neb yn ei ddisgrifio felly o'r blaen. 'Ie,' meddai, gan roi ei law ar ysgwydd Gaenor. 'Mae hi wedi sôn amdanoch chi droeon.'

'Rydw' i'n ych cofio chi fel llanc ifanc yn y Coleg. Rydych chi wedi bod yn ffodus iawn.'

'Do, atebodd tad Gaenor, efallai heb wybod yn iawn at beth yn union yr oedd hi'n cyfeirio. 'Diolch ichi am roi syniadau mor dda i Gaenor ar gyfer yr arddangosfa. Rydan ni i gyd wedi dysgu llawer yn yr wythnosau dwytha' 'ma.'

'Mae'r ddau ifanc wedi gwneud gwaith da,' meddai'r grwydrwraig. 'Gwên a glesni. Mae hi wedi rhoi'r gorau i grio, wyddoch chi. Roedd hi'n crio bob nos yn y gwyll, a thorri'i chalon. Ond mae hi wedi bod yn dawel ers nosweithiau.'

Roedd Dr. Griffith yn ei dro yn dechrau edrych fel dyn ar goll, a gwasgodd Gaenor ei fraich yn galonogol.

185

'Lle aeth Mr. Ellis?' gofynnodd Miss Samuel yn sydyn mewn tôn wahanol. 'Mae arna'i eisio gair â fo ynghylch brwydr y Dalar Hir . . .'

'Gaenor, wel'ist ti Chris?' Roedd Mrs. Owen wedi dod i'r neuadd gan edrych yn gyffrous. 'Mae cynrychiolydd y papur bro yma, ac mae o isio tynnu'ch llun chi'ch dau!'

'Mae o'n syniad gwych, Dadi,' meddai Gaenor yn nes ymlaen. 'Dwi'n credu bod Miss Samuel yn ffeind yn *meddwl* am beth fel'na. Wrth gwrs does gynni hi mo'r arian, neu dwi'n siŵr y basa hi'n 'i roi o i'r Gymdeithas.'

'Ond petai o ganddi, Gaenor, mae arna'i ofn na châi mo'i rannu o mor hael, oherwydd cyflwr 'i meddwl, y gre'dures.' Nodiodd Gaenor yn brudd. 'Fasa fo ddim yn deg i gymryd mantais ohoni. Mae hi'n deud petha' rhyfedd. "Gwên a glesni." Wn i ddim beth oedd yn ei meddwl hi.'

'Sôn am y llunia' ar y cerrig bedda' oedd hi, Dadi—"eneidiau" mae hi'n 'u galw nhw. Mae'r angel a'r santes yn gwenu, ac mae'r goeden yn tyfu'n wyrdd.'

'Ella wir.' Tynnodd ei thad ei sbectol a'i sychu. 'Rwyt ti'n 'i dallt hi rywfodd. Ond cynnig pum can punt at gronfa atgyweirio Hen Gapel! Mi fu bron i Mr. Ellis gael ffit!'

24

Ar bedwerydd dydd yr arddangosfa, roedd Chris wedi cael galwad i'r neuadd am fod gohebydd *Y Cymro*'n dod i dynnu lluniau a chael hanes yr ymchwil. Gwyddai cynted ag yr aeth o i mewn i'r brif stafell fod rhywbeth o'i le. Ar odre'r criw o ymwelwyr roedd nifer o aelodau'r pwyllgor yn sgwrsio'n ddistaw â'i gilydd fesul dau a thri, ac wrth i Chris fynd heibio edrychodd ambell un arno'n rhyfedd. Prin roedd o wedi gofyn iddo'i hun beth oedd ei drosedd y tro hwn pan frysiodd Gaenor ato â golwg gyffrous ar ei hwyneb.

'Chris!' Tynnodd o i gongl dawel, a sibrwd: 'Wyddost ti be'? Mae Miss Samuel wedi gyrru'r siec am bum can punt i'r trysorydd!'

'S-s-s-sobrwydd! Dwyt ti ddim yn deud y gwir?'

'Mae o cyn wired â phadar,' meddai Gaenor yn ddifrifol. 'Roeddan ni'n meddwl 'i bod hi'n dlawd am 'i bod hi'n crwydro'r wlad, ond mae gynni hi dŷ braf ym Mangor a digon o bres! Mi anfonodd y siec i ddangos 'i ''gwerthfawrogiad o'r arddangosfa, yn enwedig o waith y plant''!'

'Be' 'di'r cats?' gofynnodd Chris, o gofio'r anesmwythyd yn y neuadd. 'Ydyn nhw'n meddwl nad ydi hi'n ddigon call i rannu'i harian, 'ta be'?'

'Na! Mae Mr. Ellis a'r trysorydd wedi cael gair â rheolwr y banc a thwrnai Miss Samuel, ac maen nhw'n deud 'i bod hi'n eitha' call wrth drin 'i harian. Mae gynni hi faint fynnir o bres wrth gefn, ac mae hi'n byw'n gynnil iawn.'

'Cael b. & b. yn rhad ac am ddim,' cytunodd Chris. 'Dim problem felly?'

'Oes, 'chos mae Miss Samuel yn rhoi'r pum cant at gronfa i atgyweirio Hen Gapal! A does arnyn *nhw*—' edrychodd Gaenor yn ddigofus o'i chwmpas— '—ddim isio gneud hynny. Ella byddan nhw'n gwrthod!'

'Pam?' meddai Chris yn syfrdan. 'Fedran nhw ddim gwrthod pum can punt!'

'Deud maen nhw y byddai'r atgyweirio'n costio ffortiwn, mwy o *lawer* na phum can punt, a bod 'na bob math o broblema'n codi. Maen nhw'n deud nad ydi Hen Gapal yn ddigon canolog i fod yn amgueddfa—'

'Mae o drws nesa' i'r clwb golff! 'Tase'n nhw'n trin y lle, mi fasa'n dŵad â gwaith i bobol.' Roedd Chris yn meddwl am ei Yncl Cled.

'Basa, ac yn denu pobol ddiarth yn yr ha'. Dyna ddeudodd Miss Arthur. Ond mi fasa'n well gan y lleill gymryd yr arian at rywbeth arall. Ond os ydi Miss Samuel wedi meddwl am atgyweirio Hen Gapal, fydd 'na ddim troi arni hi, mi gei di weld. Maen nhw'n anniolchgar, dwi'n meddwl. Ac maen nhw fel 'tasen nhw'n gweld bai arna'*i* am roi'r syniad yn 'i phen hi!'

Roedd hyn yn egluro pam roedd rhai o aelodau'r pwyllgor wedi edrych yn rhyfedd ar Chris. Debyg eu bod nhw'n ystyried ei fod yntau'n un o gyfeillion Miss Samuel. A doedd o erioed wedi rhoi lle iddi hi!

'Ellwch chi ddeud tipyn o hanes Hen Gapal wrthyf?' gofynnodd gŵr diarth oedd wedi dod i sefyll wrth eu hymyl yn ddiarwybod iddyn nhw. 'Ydi o'n wir mai hwnnw ydi addoldy hynaf y pentre'?'

188

'Ydi,' meddai Gaenor yn barod, 'achos mae o'n hŷn o sbel na'r hen eglwys—ar wahân i'r twr. Mae Mr. Edwards wedi gneud llun hyfryd o Hen Gapal fel roedd o erstalwm. Dowch i'w weld o—mae 'na dipyn o'r hanes yma hefyd, a phapur yn deud faint ddaru nhw dalu i John Elias am bregethu yno.' Gan sgwrsio'n frwd, arweiniodd y dyn diarth ar draws y neuadd, a daeth Miss Arthur at ochr Chris gan wenu'n slei am ryw reswm.

'Wel, dyna ragor o gyhoeddusrwydd inni,' meddai hi. 'Gohebydd *Y Cymro* ydi hwnna. Mi fydd y genedl yn gwybod am gynnig Miss Samuel ar ôl hyn!'

'Oedd o'n gwrando arnon ni'n siarad?' meddai Chris.

'Oedd, ar ran o'r sgwrs o leiaf. Mi fydd raid i'r pwyllgor drafod y syniad o ddifri' ar ôl hyn. Meddwl maen nhw nad ydi o ddim yn ymarferol. Ond rydach chi'ch dau wedi tynnu sylw pobol ac ennyn diddordeb ymhlith Saeson yn ogystal â Chymry, ac mae 'na gyfle wedi agor inni, ond inni fanteisio arno fo ar unwaith, tra mae'r hanes yn fyw ym meddwl pawb.'

'Peth mawr fasa gwrthod pum can punt!' meddai Chris.

'Paid â phoeni, mae 'na ddynion busnes ar y pwyllgor sydd o'r un farn yn union. Mi fydd 'na lawer o drafod a phwyllgora, mi gei di weld. A hwyrach y daw rhywbeth da ohono fo yn y pen draw.'

'Mae'r dyn neis 'na o'r *Cymro*'n siarad efo Mr. Arfon Ellis rŵan,' meddai Gaenor yn llon. 'Mae o'n meddwl 'i bod hi'n arddangosfa wych ac mae o am sgwennu stori fawr amdani yn

Y Cymro, a sôn am Miss Samuel a phawb. Ella cawn ni <u>bwt</u> ar y newyddion Cymraeg heno.'

'Dyna ichi enghraifft o fentaliti'r ifanc yn yr oes hon,' meddai'i thad, 'yn meddwl am ddim ond 'u dangos 'u huna'n. Pobol y <u>cyfrynga</u>' ydyn nhw.'

'Ond nid jyst fi a Chris fydd yn y stori, Dadi. Mi fydd pawb i mewn ynddi hi—y Gymdeithas, a'r pentre', a Miss Samuel . . .'

'Alla'i ddim peidio â meddwl,' cwynodd Mrs. Daniel, oedd wedi dod i edrych ar 'stondin y fynwent' ac i <u>edmygu</u> carreg <u>aelwyd</u> Erw Hen, ''i fod o'n beth rhyfedd gweld rhywun o'ch oed chi yn ymddiddori mewn cerrig beddau. Maen nhw mor drist!'

'Dydi'r rhain ddim,' meddai Gaenor. 'Ella 'u bod nhw mewn llefydd er'ill, ond dydyn nhw ddim yn Llanfair. Mi ddeudodd Miss Samuel rywbeth—' Edrychodd ar ei thad.

'"Gwên a glesni",' meddai'i thad. 'Disgrifiad eitha' teg o'r grŵp yma—yr angel a'r goeden a'r santes fach.'

Roedd Miss Samuel wedi sôn am gerrig beddau fel llyfr y <u>werin</u>, cofiodd Gaenor. Pan oedd y bobl gyffredin yn mynd am dro o gylch y fynwent ar ôl yr <u>oedfa</u> fore Sul, a mwynhau <u>seibiant</u> byr yn eu bywydau caled <u>undonog</u>, doedden nhw ddim wedi gweld hen bictiwrs cas digalon yn eu 'llyfr'. Roedd tad Hannah Richard wedi gofalu am rywbeth <u>teilwng</u> ar eu cyfer.

'Pwy ydi hwnna yn y gongl acw wrth ymyl yr angel, efo'r wên 'na?' gofynnodd Mrs. Daniel. 'Nid y corbel o'n heglwys ni, ond y llall.' Doedd hi ddim wedi mynd efo'r Gymdeithas ar eu trip i Sir Fôn. 'Dydi o ddim yn perthyn i'r plwy'.'

'Nacdi,' meddai Dr. Griffith, 'ond rydan ni'n 'i weld o fel rhyw daid arnyn nhw i gyd!'

Roedd Miss Arthur yn edrych ar ffrwythau llafur y grŵp oedd wedi bod yn astudio'r ar-ysgrifau yn y fynwent. Ymhlith pethau eraill, roedden nhw wedi gwneud rhestr o enwau bedydd, gan ddangos pa rai oedd y mwyaf poblogaidd ym mhob cyfnod.

'Syndod cyn lleied o enwau oedd ganddyn nhw bryd hynny!' meddai Miss Arthur. 'Mynd garw ar "Mary", "Ann", "Jane" ac "Elin", llawer "Catherine" a "Margaret" ac ambell "Elizabeth", "Lowri", "Grace" ... Un "Jonet" ac un "Anna". Prin y byddwn i'n disgwyl gweld "Anna" o gwbl; enw'r bobol fawr oedd o fel rheol. "Ann" oedd ffurf y werin bobol bob tro.'

'Ond mi ddaru ficer y plwy' sgwennu'r enwau yn Lladin am ryw ddwy flynedd,' meddai Gaenor; 'a sgwennu "Ann" fel "Anna" trwy'r adeg. Ella mai dyna pam ddaru nhw roi "Anna" ar y garreg fedd.'

'Wrth gwrs yr un enw ydyn nhw,' myfyriodd Miss Arthur, '—dwy ffurf ar "Hannah".'

Yr un enw? Edrychodd Gaenor ar luniau carreg fedd y 'santes mewn halo dwbl' a gweld ei henw; nid 'Anna Richards' ond 'Hannah Richard'. Sut na fuasai wedi ei weld o'r blaen? Hannah Richard. Ac yn sydyn roedd yr ychydig linellau prin ar ddarn o lechen ddim mwy na'i llaw yn wyneb byw iddi, llygaid mawr a thrwyn bach a cheg ar ffurf bwa meddal yn troi mewn gwên yng nghanol petalau o oleuni. Sut na fuasai wedi gweld bod llun y wên hon wedi ei dynnu, nid o gerflun carreg, ond o wyneb plentyn?

191

'Ond pam ddaru o dorri'r enw "Anna" os "Hannah" oedd ei henw bedydd iawn hi?' gofynnodd Gaenor.

'Hwyrach eu bod nhw'n ei galw hi'n "Anna" neu "Ann",' awgrymodd Miss Arthur.

'Neu roedd o'n meddwl bod "Anna" yn swnio'n fwy clasurol,' meddai Dr. Griffith. 'Chwaeth ysgolheigaidd.'

'Roedd o'n dipyn o snob,' meddai mam Gaenor. Sylwodd fod Chris yn crychu ei dalcen yn amheus. 'Oes gen ti syniad, Chris?'

'Mae'r llechen mor gul,' meddai Chris. 'Ella 'i fod o wedi rhoi "Anna" yn lle "Hannah" am 'i fod o'n cymryd llai o le. Doedd o ddim yn hoffi gwasgu gormod i mewn. Nid yfô stwffiodd yr hen "S" flêr 'na ar ddiwedd "Richard"; rhywun arall 'naeth hynny, 'r un fath ag ar garreg John Robert. Roedd o'n licio digon o le.'

'Dwi'n credu dy fod ti'n iawn, Chris,' meddai Dr. Griffith. 'Hwyrach ein bod ni i gyd yn iawn, o ran hynny. Yn sicir, crefftwr oedd Richard, ac mi fyddai tlysni'r cynllun yn bwysig iawn iddo.'

'I feddwl 'i bod hi yma ar hyd yr amser,' meddai Gaenor, 'a ninna' ddim yn gwbod!' Doedd hi ddim wedi cysylltu'r ddau enw; roedd pawb yn brysur yn darparu'r arddangosfa; doedd neb arall wedi teimlo'r un diddordeb â hi yn Hannah Richard. Ond bellach roedd canol y pos jigso yn gyflawn. Nid pos jigso oedd o 'chwaith, ond yn hytrach coeden yn dal i dyfu o'i phot pridd yn dragwyddol.

'Be' nei di rŵan?' gofynnodd Chris ar y ffordd adre'.

'Gosod bloda' ar fedd Hannah,' meddai

192

Gaenor. Roedd hi wedi gwneud addewid iddi'i hun yr âi â blodau at y bedd pan ddeuai o hyd iddo.

'Na—be' nei di ar ôl yr arddangosfa?'

'Mynd am wylia' i Ynys Manaw. Wedyn i Aberystwyth. Ond mae gynnon ni wythnos eto o'r arddangosfa cyn hynny. Mae pawb yn deud 'i bod hi'n dda. Rydan ni wedi darganfod lot o betha'.'

Aeth Dr. Griffith heibio iddyn nhw gan dynnu'n braf ar ei bibell, a'i wraig a Mrs. Owen wrth ei sodlau.

'Dwi newydd neud darganfyddiad arall,' meddai Chris. 'O werth hanesyddol,' ychwanegodd yn bwyllog mewn llais dwfn.

Chwarddodd Gaenor, ond roedd hi'n chwilfrydig hefyd. 'Wyt ti o ddifri'? Be' ydi o?'

'Pam mae'r duw yn Llanfair P.G. yn gwenu fel hyn?' Trodd Chris gorneli ei geg i fyny heb ddangos ei ddannedd.

'O Chris, rwyt ti'n edrych yn ddigri'! Wn i ddim. Pam?'

'I ddal 'i getyn yn 'i le.'

Chwarddodd Gaenor, ond mewn dau funud roedd hi'n ystyried y syniad o ddifrif. 'Ond mae o'n troi'r *ddwy* gongl i fyny.'

'All neb droi un heb droi'r ddwy.'

'Mi fedra' i!'

Trodd yr oedolion ac edrych dros eu hysgwyddau gan wenu, heb ofyn beth oedd y jôc, ac aeth y chwerthin ymlaen nes iddyn nhw droi'r gongl a dechrau dringo'r allt fawr at yr eglwys a'u cartrefi.

Natasha Pommerenin
Scheuermattweg 11
3043 Uettligen
Switzerland

boys 11pwarm up 12 compete

Display & presentation 3pm
Sunday
12.45